NIELIT (DOEACC) के नवीनतम पाठ्यक्रम पर आधारित

कोर्स ऑन कम्प्यूटर कॉन्सेप्ट्स

(कम्प्यूटर अवधारणा पाठ्यचर्चा)

[CCC]

15 प्रैक्टिस टेस्ट पेपर्स

हमारी विशेषताएँ :

- पाठ्यक्रम के सभी अध्यायों से संतुलित प्रश्न

उत्तर प्रदेश एवं अन्य प्रांतो की विविध स्तरीय परीक्षाओं हेतु उपयोगी अभ्यास पुस्तक

संपादन एवं संकलन
डायमंड पॉवर लर्निंग टीम

DIAMOND POWER LEARNING

प्रकाशक

डायमंड पॉवर लर्निंग

डायमंड पॉकेट बुक्स (प्रा.) लि. की इकाई

X-30, ओखला इंडस्ट्रियल एरिया, फेज–II नई दिल्ली–20

फोन : 011-40712200

ई-मेल : sales@dpb.in

वेबासाइट : www.diamondbook.in

प्रोडक्शन :

पुष्पेंद्र शर्मा

पाठ्यक्रम एक दृष्टि में

कोर्स ऑन कम्प्यूटर कॉन्सेप्ट्स (CCC)

क्र.सं.	विषय	थ्योरी	ट्यूरोरियल्स	प्रैक्टिकल
1.	कम्प्यूटर्स का परिचय	2	1	4
2.	(GUI) पर आधारित ऑपरेटिंग सिस्टम का परिचय	3	–	8
3.	वर्ड प्रोसेसिंग के एलीमेंट्स	4	2	10
4.	स्प्रेडशीट	4	2	10
5.	कम्प्यूटर कम्यूनिकेशन तथा इंटरनेट	4	–	5
6.	WWW और वेब ब्राउजर 2	–	3	
7.	कम्यूनिकेशन एवं कोलाबोरेशन	2	–	2
8.	छोटे प्रजेन्टेशन्स	4	–	8
	कुल योग	**25**	**5**	**50**

विषय-सूची

- प्रैक्टिस टेस्ट पेपर-I 1-7
- प्रैक्टिस टेस्ट पेपर-II 8-13
- प्रैक्टिस टेस्ट पेपर-III 14-19
- प्रैक्टिस टेस्ट पेपर-IV 20-25
- प्रैक्टिस टेस्ट पेपर-V 26-31
- प्रैक्टिस टेस्ट पेपर-VI 32-37
- प्रैक्टिस टेस्ट पेपर-VII 38-44
- प्रैक्टिस टेस्ट पेपर-VIII 45-51
- प्रैक्टिस टेस्ट पेपर-IX 52-58
- प्रैक्टिस टेस्ट पेपर-X 59-64
- प्रैक्टिस टेस्ट पेपर-XI 65-71
- प्रैक्टिस टेस्ट पेपर-XII 72-78
- प्रैक्टिस टेस्ट पेपर-XIII 79-85
- प्रैक्टिस टेस्ट पेपर-XIV 86-92
- प्रैक्टिस टेस्ट पेपर-XV 93-100

प्रैक्टिस टेस्ट पेपर्स

प्रैक्टिस टेस्ट पेपर-I

1. कंप्यूटर की अब तक कितनी पीढ़ियाँ आ चुकी हैं?
   (a) 4 (b) 5
   (c) 3 (d) 2
2. पहली पीढ़ी के कंप्यूटर किस सन् से किस सन् तक माने जाते हैं?
   (a) 1941 से 1942 तक (b) 1943 से 1944 तक
   (c) 1995 से 1996 तक (d) 1946 से 1955 तक
3. पहली पीढ़ी के कंप्यूटर किस आकार के होते थे?
   (a) बहुत बड़े (b) बहुत छोटे
   (c) बहुत चौड़े (d) बहुत लंबे।
4. पहली पीढ़ी के मुख्य कंप्यूटर इनमें से कौन से नहीं हैं?
   (a) एनिएक (b) एडर्सेक
   (c) एडर्वेक (d) इनमें से कोई नहीं।
5. दूसरी पीढ़ी का सबसे लोकप्रिय कंप्यूटर कौन-सा है?
   (a) यूनीवेक-1 (b) यूनीवेक-2
   (c) मार्क-2 (d) आईबीएस-1401
6. किस पीढ़ी के कंप्यूटर आकार में छोटे हैं?
   (a) पहली पीढ़ी (b) दूसरी पीढ़ी
   (c) तीसरी पीढ़ी (d) इनमें से कोई नहीं
7. चौथी पीढ़ी के कंप्यूटर किस काल से किस काल तक थे?
   (a) 1946 से 1955 तक (b) 1955 से 1965 तक
   (c) 1965 से 1975 तक (d) 1975 से 1995 तक
8. सुपर कंप्यूटर किस पीढ़ी में होते थे?
   (a) चौथी पीढ़ी (b) पहली पीढ़ी
   (c) तीसरी पीढ़ी (d) पाँचवी पीढ़ी
9. पर्सनल कंप्यूटर किस पीढ़ी में आते हैं?
   (a) पहली पीढ़ी (b) दूसरी पीढ़ी
   (c) तीसरी पीढ़ी (d) इनमें से कोई नहीं।
10. मार्क-1 किस पीढ़ी का कंप्यूटर था?
   (a) पहली पीढ़ी (b) दूसरी पीढ़ी
   (c) चौथी पीढ़ी (d) इनमें से कोई नहीं।
11. मेनफ्रेम कंप्यूटर की रैम कितने मेगाबाइट तक की होती थी?
   (a) 64 मेगाबाइट से 256
   (b) 65 मेगाबाइट से 230
   (c) 66 मेगाबाइट से 240
   (d) 67 मेगाबाइट से 270
12. मेनफ्रेम कंप्यूटर की हार्ड डिस्क कितने गीगाबाइट की है?
   (a) 50 गीगाबाइट (b) 40 गीगाबाइट
   (c) 80 गीगाबाइट (d) 100 गीगाबाइट
13. किस कंप्यूटर पर एक साथ सैकड़ों व्यक्ति कार्य कर सकते हैं?
   (a) मिनी कंप्यूटर (b) माइक्रो कंप्यूटर
   (c) सुपर कंप्यूटर (d) मेनफ्रेम कंप्यूटर
14. मिनी कंप्यूटर मेनफ्रेम आकार में कैसे होते हैं?
   (a) छोटे (b) चौड़े
   (c) बड़े (d) लंबे
15. अब तक कंप्यूटरों की कितनी पीढ़ियाँ अस्तित्व में आ चुकी हैं?
   (a) 5 (b) 3
   (c) 6 (d) इनमें से कोई नहीं।
16. आईबीएस-360 सीरीज किस पीढ़ी के कंप्यूटर थे?
   (a) चौथी पीढ़ी (b) तीसरी पीढ़ी
   (c) पहली पीढ़ी (d) पांचवी पीढ़ी

17. मिनी कंप्यूटर की हार्ड डिस्क कितने गीगाबाइट की होती है?

(a) 10 गीगाबाइट (b) 20 गीगाबाइट

(c) 30 गीगाबाइट (d) 40 गीगाबाइट

18. माइक्रो कंप्यूटर की रैम कितने मेगाबाइट होती है?

(a) 1 मेगाबाइट से 64 मेगाबाइट तक

(b) 2 मेगाबाइट से 64 मेगाबाइट तक

(c) 3 मेगाबाइट से 64 मेगाबाइट तक

(d) इनमें से कोई नहीं।

19. PC की फुल फार्म क्या है?

(a) पुराने कंप्यूटर (b) पर्सनल कंप्यूटर

(c) पार्ट ऑफ कंप्यूटर (d) इनमें से कोई नहीं।

20. एक क्षण में कई करोड़ गणनाएँ वाले कौन-से कंप्यूटर होते हैं?

(a) मिनी कंप्यूटर (b) सुपर कंप्यूटर

(c) माइक्रो कंप्यूटर (d) मेनफ्रेम कंप्यूटर

21. CRAY-1, CRAY-2, ETA-10 ये सब किस कंप्यूटर के अंतर्गत आते हैं?

(a) माइक्रो कंप्यूटर (b) मेनफ्रेम कंप्यूटर

(c) सुपर कंप्यूटर (d) मिनी कंप्यूटर

22. सुपर कंप्यूटर भारत में किस नाम से बनाए गए हैं?

(a) परम और अनुराग (b) ज्योति और अनुराग

(c) प्रोहित और अनुराग (d) विशाल और अनुराग

23. आकार और भंडारण क्षमता के अनुसार कंप्यूटरों को कितनी श्रेणियों में बाँटा गया है?

(a) 3 (b) 2

(c) 1 (d) 4

24. कंप्यूटर कैसी मशीन है?

(a) पानी में चलने वाली मशीन

(b) इलेक्ट्रॉनिक मशीन

(c) छोटी मशीन

(d) इनमें से कोई नहीं

25. प्रोसेस का कार्य करने वाले भाग को क्या कहते हैं?

(a) यू०पी० एस (b) मेमोरी

(c) ए०एल०यू० (d) सी०पी०यू०

26. CD-ROM शब्द संक्षेप है-

(a) कॉम्पेक्टेबल रीड ओनली मैमोरी

(b) कॉम्पेक्ट डाटा रीड ओनली मैमोरी

(c) कम्पेक्टेबल डिस्क रीड ओनली मैमोरी

(d) कम्प्यूटर डिस्क रीड ओनली मैमोरी

27. सी०पी०यू० की फुल फार्म क्या है?

(a) सेंट्रल प्रोसेसिंग यूनिट (b) सेंट्रल प्राइवेट यूनिट

(c) सेंट्रल प्रिंटर यूनिट (d) इनमें से कोई नहीं

28. कंप्यूटर में सबसे महत्वपूर्ण इनपुट उपकरण कौन-सा माना जाता है?

(a) माउस (b) सी०पी०यू०

(c) की बार्ड (d) मेमोरी

29. इंटीग्रेटेड सर्किट चिप बनी होती है-

(a) सिलिकॉन (b) निकिल

(c) आयरन (d) कॉपर

30. प्रोग्राम में से बाहर निकलने के लिए किस कुंजी का उपयोग किया जाता है?

(a) फंक्शन कुंजी (b) माउस

(c) कर्सर कंट्रोल कुंजी (d) एस्केप कुंजी

31. ए०एल०यू० की फुल फार्म क्या है?

(a) अरिथमैटिक एंड लॉजिक यूनिट

(b) आरिथमेंटिक एंड लावेस्ट यूनिट

(c) अरिथमेंटिक एंड लॉजिकल यूनिट

(d) इनमें से कोई नहीं

32. मेमोरी की मूल्य इकाई क्या होती है?

(a) Bits (b) Byte

(c) दोनों (d) कोई नहीं

33. मेमोरी को मापने की मुख्य इकाईयाँ कौन-कौन सी नहीं है?

(a) 8 बिट = 1 बाइट

(b) 1024 बिट = 1 किलोबाइट

(c) 1024 किलोबाइट = 1 मेगाबाइट

(d) 1024 बिट = 1125 बाइट

34. मेमोरी कितने प्रकार की होती है?

(a) 1 प्रकार (b) 2 प्रकार

(c) 3 प्रकार (d) 4 प्रकार

35. कंप्यूटर के अन्दर कौन-सी मेमोरी होती है?
(a) रैम (b) रोम
(c) सेकेंडरी मेमोरी (d) प्राइमरी

36. प्राइमरी मेमोरी को कितने भागों में बाँटा गया है?
(a) 1 (b) 2
(c) 3 (d) 4

37. कंप्यूटर बंद कर देने पर भी किस मेमोरी में डाटा स्टोर रह जाता है?
(a) रैम (b) रोम
(c) सेकेंडरी (d) इनमें से कोई नहीं

38. सेकेंडरी मेमोरी किस पदार्थ से बनी होती है?
(a) चुम्बक (b) तांबा
(c) सोना (d) चांदी

39. कुछ समय पहले तक फ्लॉपी किस आकार की होती थी?
(a) 7 इंच और 5.25 (b) 8 इंच और 5.25
(c) 5 इंच और 5.25 (d) 3 इंज और 5.25

40. 3.25 इंच वाली फ्लॉपियों की भंडारण क्षमता कितने मेगाबाइट की होती है?
(a) 1.41 (b) 1.42
(c) 1.43 (d) 1.44

41. किस डिस्क में डाटा स्टोर करने की क्षमता हजारों फ्लॉपी और सैकड़ों सीडी के बराबर होती है?
(a) सी०डी० (b) फ्लॉपी
(c) हार्ड डिस्क (d) इनमें से कोई नहीं

42. एम०एस० ऑफिस क्या है?
(a) विंडोज एप्लीकेशन
(b) माइक्रोसॉफ्ट एक्सेल
(c) माइक्रोसॉफ्ट पॉवर पॉइंट
(d) इनमें से कोई नहीं

43. किस सॉफ्टवेयर में डाटा को लाइनों और कॉलमों में भरा जाता है?
(a) माइक्रोसॉफ्ट पॉवर पॉइंट
(b) माइक्रोसॉफ्ट एक्सेस
(c) माइक्रोसॉफ्ट एप्लीकेशन
(d) इनमें से कोई नहीं

44. किसके द्वारा हम इंटरनेट पर अपने ई-मेल बना सकते हैं?
(a) माइक्रोसॉफ्ट पब्लिशर
(b) माइक्रोसॉफ्ट एक्सेस
(c) माइक्रोसॉफ्ट आउटलुक
(d) इनमें से कोई नहीं

45. ''पास्कल'' प्रोग्रामिंग का नाम किस महान वैज्ञानिक के नाम पर रखा गया है?
(a) थॉमस कुर्ज (b) जॉन केमनी
(c) ब्लेज पास्कल (d) इनमें से कोई नहीं

46. ''पास्कल'' प्रोग्रामिंग का विकास किसने किया था?
(a) ब्लेज पास्कल (b) प्रो० निकोलस विर्थ
(c) डेनिश रिची (d) इन सभी ने

47. ''सी'' भाषा का विकास सन् में हुआ था?
(a) 1969 (b) 1970
(c) 1971 (d) 1972

48. ''कोबोल'' का पूरा नाम क्या है?
(a) Common Business Oriented language
(b) Common Basic Oriented language
(c) Common Basic Oriented language
(d) इनमें से कोई नहीं

49. इनमें से कम्प्यूटर की वैज्ञानिक भाषा कौन-सी है?
(a) बेसिक (b) कोबोल
(c) फॉरट्रान (d) पास्कल

50. ''फॉरट्रान'' भाषा का निर्माण किस सन् में किया गया था?
(a) 1969 (b) 1957
(c) 1950 (d) 1855

सही और गलत

51. दूसरी पीढ़ी के कंप्यूटर आकार में बहुत छोटे होते थे।
(a) सही (b) गलत

52. मार्क-1 पहली पीढ़ी का कंप्यूटर था।
(a) सही (b) गलत

53. चौथी पीढ़ी के कंप्यूटरों में तर्क करने और सोचने की क्षमता है।
(a) सही (b) गलत

54. 380 सीरीज तीसरी पीढ़ी का कंप्यूटर था।
(a) सही (b) गलत

55. सुपर कंप्यूटर पांचवी पीढ़ी के कंप्यूटरों के अंतर्गत आता है।
(a) सही (b) गलत

56. पहली पीढ़ी के कंप्यूटरों का काल सन् 1946 से 1955 तक माना जाता है।
(a) सही (b) गलत

57. आईबीएस-1401 कंप्यूटर सबसे लोकप्रिय था।
(a) सही (b) गलत

58. तीसरी पीढ़ी के कंप्यूटरों की गति तेज नहीं थी।
(a) सही (b) गलत

59. तीसरी पीढ़ी के कंप्यूटरों के साथ ही डाटा स्टोर करने के बाहरी साधनों का विकास हुआ था।
(a) सही (b) गलत

60. तीसरी पीढ़ी के मुख्य कंप्यूटर नहीं थे-
(a) सही (b) गलत

61. लेजर Printer की स्वयं की मेमोरी होती है।
(a) सही (b) गलत

62. Ink Jet Printer बहुत महंगे होते हैं।
(a) सही (b) गलत

63. फ्लॉपी डिस्क का आकार 3.5 इंच या $5\frac{1}{4}$ इंच से ज्यादा भी होता है।
(a) सही (b) गलत

64. रैम Valatile मेमोरी है।
(a) सही (b) गलत

65. मोडम एक सॉफ्टवेयर डिवाइस है।
(a) सही (b) गलत

66. डोस का पूरा नाम डोमेन ऑपरेटिंग सिस्टम है।
(a) सही (b) गलत

67. ट्रोजन (TROJAN) वायरस का प्रकार है
(a) सही (b) गलत

68. डोस में विस्तारक (Extension) तीन अक्षर से अधिक हो सकता है।
(a) सही (b) गलत

69. बैक स्पेस का प्रयोग 2 शब्दों में स्पेस देने के लिए काम आता है।
(a) सही (b) गलत

70. ई-मेल पर संदेश भेजने व प्राप्त करने के लिए आपके पास कंप्यूटर और इंटरनेट कनेक्शन होना चाहिए।
(a) सही (b) गलत

71. एक वेबसाइट से दूसरी वेबसाइट पर जाना सर्फिंग कहलाता है।
(a) सही (b) गलत

72. स्केनर एक आउटपुट साधन है।
(a) सही (b) गलत

73. विंडोज एक भाषा है।
(a) सही (b) गलत

74. Ms Office के Ctr + C का अर्थ किसी अक्षर को मिटाना होता है।
(a) सही (b) गलत

75. Excel एक विन्डो (Window) बेस्ड Software है।
(a) सही (b) गलत

76. Excel स्क्रीन का सबसे बड़ा भाग Spreadsheet होता है।
(a) सही (b) गलत

77. Spreadsheet को Work शीट भी कहते हैं।
(a) सही (b) गलत

78. MS Word में Formula का उपयोग किया जा सकता है।
(a) सही (b) गलत

79. टेबल का निर्माण Ms Word और Ms Excel दोनों में किया जा सकता है।
(a) सही (b) गलत

80. फ्लोबॉक्स डाँस का प्रकार है।
(a) सही (b) गलत

81. SAN एक नेटवर्किंग का प्रकार है।
   (a) सही (b) गलत

82. Office और Excel का निर्माता Microsoft है।
   (a) सही (b) गलत

83. टैली एक एप्लीकेशन सॉफ्टवेयर है।
   (a) सही (b) गलत

84. DIR एक Excel की कमांड है।
   (a) सही (b) गलत

85. Ctrl + Z एक Undo कमांड हैं
   (a) सही (b) गलत

86. पावर पाइंट (Power Point) में Row और Coloum होते हैं।
   (a) सही (b) गलत

87. COBOL एक लैंग्वेज है।
   (a) सही (b) गलत

88. ई-मेल के माध्यम से हम विडियो तथा आवाजें नहीं भेज सकते हैं।
   (a) सही (b) गलत

89. 1024 मेगावाइट = 1 गीगा बाइट
   (a) सही (b) गलत

90. विंडोज GUI (जी०यु०आई०) पर निर्भर है।
   (a) सही (b) गलत

91. असेम्बलर एक ऑपरेटिंग सिस्टम है।
   (a) सही (b) गलत

92. MS. Word में Document में कई पेज हो सकते हैं।
   (a) सही (b) गलत

93. WWW होता है Window World Website.
   (a) सही (b) गलत

94. MS Point एक विंडो सॉफ्टवेयर है।
   (a) सही (b) गलत

95. पॉवर पॉइंट का Extension होता है।
   (a) सही (b) गलत

96. 8 bit मिलकर 10 Byte बनाते हैं।
   (a) सही (b) गलत

97. C^{++} एक सॉफ्टवेयर है।
   (a) सही (b) गलत

98. की बोर्ड फंक्शन कीज पर 0 से 9 तक के नम्बर अंकित रहते हैं।
   (a) सही (b) गलत

99. Excel में 3 से अधिक वर्कशीट बनाई नहीं जा सकती।
   (a) सही (b) गलत

100. 'सी' एक शक्तिशाली प्रोग्रामिंग भाषा है जिसमें सभी प्रकार के प्रोग्राम लिखे जा सकते हैं।
   (a) सही (b) गलत

उत्तरमाला

1. (b)	2. (d)	3. (a)	4. (d)	5. (d)	6. (c)	7. (d)	8. (b)	9. (c)	10. (d)
11. (a)	12. (d)	13. (d)	14. (a)	15. (a)	16. (b)	17. (d)	18. (a)	19. (b)	20. (b)
21. (c)	22. (a)	23. (d)	24. (b)	25. (d)	26. (d)	27. (a)	28. (b)	29. (a)	30. (d)
31. (a)	32. (b)	33. (d)	34. (b)	35. (d)	36. (b)	37. (c)	38. (a)	39. (b)	40. (d)
41. (c)	42. (a)	43. (b)	44. (c)	45. (c)	46. (b)	47. (d)	48. (a)	49. (c)	50. (b)
51. (a)	52. (b)	53. (b)	54. (b)	55. (a)	56. (a)	57. (a)	58. (b)	59. (c)	60. (b)
61. (a)	62. (b)	63. (b)	64. (a)	65. (b)	66. (b)	67. (a)	68. (b)	69. (b)	70. (a)
71. (a)	72. (b)	73. (b)	74. (b)	75. (a)	76. (a)	77. (a)	78. (b)	79. (a)	80. (b)
81. (b)	82. (b)	83. (a)	84. (b)	85. (a)	86. (b)	87. (a)	88. (b)	89. (a)	90. (a)
91. (b)	92. (a)	93. (b)	94. (a)	95. (b)	96. (b)	97. (b)	98. (b)	99. (b)	100. (a)

प्रैक्टिस टेस्ट पेपर-II

1. **LT कमाण्ड टर्टल किस दिशा में घुमाता है?**
(a) बायीं (b) दायीं
(c) बायीं व दायीं दोनों ओर (d) इसमें से कोई नहीं

2. **DEL कमाण्ड फाइलों के किस काम में आती है?**
(a) फाइल छुपाने के (b) फाइल हटाने के
(c) फाइल बदलने के (d) नई फाइल बनाने के

3. **फ्लॉपी या हार्ड डिस्क को फॉर्मेट करने में किस कमाण्ड का प्रयोग किया जाता हैं?**
(a) फॉर्मेट कमाण्ड (b) Prompt कमाण्ड
(c) DEL कमाण्ड (d) REN कमाण्ड

4. **कम्प्यूटर को ऑन करने पर किसके द्वारा सभी युक्तियों की जाँच होती है।**
(a) मूल डायरेक्ट्री (b) प्रॉम्प्ट
(c) बूटिंग (d) BIOS

5. **डॉस में छिपी रहने वाली फाइलों में इसमें से कौन-सी नही है?**
(a) Sys (b) Exe
(c) Com (d) Buffer

6. **किस में छिद्रों के रूप में डाटा का कोड तैयार किया जाता है?**
(a) सी० डी० रोम (b) मैग्नेटिक टेंप
(c) पेपर टेप (d) सभी में

7. **लाइन प्रिन्टर कितने प्रकार के होते हैं?**
(a) 4 (b) 3
(c) 2 (d) 10

8. **24 पिन प्रिन्टर द्वारा प्रिन्ट किए गए अक्षर कितने डॉट में विभाजित होते हैं?**
(a) 9 (b) 25
(c) 24 (d) 26

9. **'जॉय स्टिक' यह कंप्यूटर में किसके काम आती है?**
(a) गेम खेलनें के (b) टेम्प्रेचर मापने में
(c) पेंट करने के (d) इसमें से कोई नहीं

10. **A, B, C, D – – – – Z, ये कैसी 'कीज' होती हैं?**
(a) ऐल्फाबेटिक कीज (b) न्यूमैरिक कीज
(c) फंक्शन कीज (d) स्पेशल कीज

11. **कमाण्ड के स्थान पर कोई नई कमाण्ड देने के लिए किस कमाण्ड का प्रयोग किया जाता है?**
(a) REDO (b) UNDO
(c) EDIT (d) इसमें से कोई नहीं

12. **किसी एक अक्षर को सैलेक्ट करने के लिए किन कीज का प्रयोग करना चाहिए?**
(a) shift + left arrow (b) shift + uparrow
(c) shift + right arrow (d) End

13. **यदि वर्ड दस्तावेज में काम करने के बाद आपको इसे बंद करना हो तो आप कौन-सी कीज का प्रयोग करेगें?**
(a) choose file >> close
(b) choose file >> Exit
(c) choose file >> save
(d) इसमें से कोई नहीं

14. **विंडोज़ के एकदम दाएं कोने पर क्या होता है?**
(a) स्टेटस बार (b) स्क्रोल बार
(c) रूलर (d) वर्क स्पेस

15. **मेन्यू में 'व्यू' किस लिए कार्य करता है?**
(a) फाइल देखने के लिए
(b) टैक्स्ट के लिए
(c) रूप, रंग और आकार के लिए
(d) प्रिंट के लिए

16. **माइक्रोसॉफ्ट वर्ड विंडोज का मुख्य अंग कौन-सा नहीं है?**
(a) standard tool bar (b) Menu bar
(c) Edit (d) Title bar

17. UNDO कमांड द्वारा किए गए कार्य को वापस लाने के लिए किस कमांड का प्रयोग करते हैं?

(a) REDO (b) Edit
(c) Start (d) Ctlr + Z

18. बुलेट का प्रयोग क्यों किया जाता है?

(a) लाइनों को महत्वपूर्ण बनाने के लिए
(b) लाइनों को बदलने के लिए
(c) लाइनों को मोटा करने के लिए
(d) लाइनों को पतला करने

19. सन् 1617 में जॉन नेपियर ने ग्यारह छड़ों का समूह तैयार किया, जिसका प्रयोग गुणा करने के लिए किया जाने लगा, उस छड़ को नाम क्या था?

(a) नेपियर्स बोंस (b) पास्कलाइन
(c) एनालिटिकल इंजन (d) इसमें से कोई नहीं

20. 'एनालिटिकल इंजन' एक यांत्रिक कंप्यूटर का आविष्कार किसने किया?

(a) जॉन नेपियर (b) जॉन विलियम
(c) चार्ल्स बैबेज (d) जॉन एकर्ट

21. गिनती तथा गणना करने का सबसे पहला उपकरण कौन-सा था?

(a) लैपटोप (b) कंप्यूटर
(c) कैल्क्यूलेटर (d) अबैकस

22. किसके द्वारा आप अपने स्लाइड में इंसर्ट किए गए एनिमेशन एंव इफेक्ट को देख सकते हैं?

(a) एनिमेशन (b) ट्रांजिशन टैब
(c) प्रिव्यू (d) इसमें से कोई नहीं

23. मीडिया क्लिप कमांड आपको अपनी स्लाइड में क्या इंसर्ट करने की सुविधा प्रदान करता है?

(a) मूवी एंड साउंड (b) डांस
(c) कुकिंग (d) स्पिकिंग

24. पैराग्राफ कमाण्ड के अन्तर्गत बुलेट नम्बरिंग लिस्ट के साथ-साथ एलाइनमेंट एंव लाइन स्पेसिंग भी होती है, इसका प्रयोग आप अपने किस काम में ले सकते हैं?

(a) घरेलू कार्य में (b) बाहरी कार्यो में
(c) डाक्यूमेन्ट में (d) इसमें से कोई नहीं

25. जब मेल सर्वर से डाउन लोड कर ली जाती है तो वह मेल सर्वर से डिलीट हो जाती है, यह क्रिया किसके अंतर्गत होती है?

(a) POP 3 इमेल सर्विस (b) IMAP इमेल सर्विस
(c) कम्पोज़ मेल (d) क्रिएट मेल

26. एस. एम. एक्सेल का महत्वपूर्ण भाग क्या है?

(a) फॉर्मूला एंव फंक्शन (b) फंक्शन कोज
(c) डाटा (d) इसमें से कोई नहीं

27. डिजिटल कम्प्यूटर मे डाटा किस रूप में प्रोसेस होता है?

(a) ऑक्टल (b) डेसिमल
(c) बाइनरी (d) हेक्साडेसिमल

28. ट्रान्सलेटर के कितने प्रकार हैं?

(a) 4 (b) 3
(c) 2 (d) 1

(a) नागरिक सेवा को ट्रांसफार्म करती है
(b) नागरिक सेवा को ट्रांसफार्म नहीं करती है।
(c) नागरिकों को सूचित नहीं करती है
(d) इसमें से कोई नहीं

30. IECT की फुलफार्म क्या है?

(a) Institute of Electronic and computer Tecnology
(b) Information of Electricity and communication tecnology
(c) Information Electronics or communication techinque
(d) Information Engine and communication techinque

31. इनमें से कौन-सा ई-गवर्नेंस का फायदे नहीं है?

(a) कुशलता (b) सुविधा
(c) लागत (d) Speed

32. मल्टीमीडिया इनमें से किस तरह का टूल नहीं है?

(a) Entertenment tool (b) Education tool
(c) Business tool (d) Hard ware tool

33. ऐक्सल शीट पर वर्कशीट डाटा का एक से अधिक कॉपी तैयार करने हेतु क्या करना चाहिए?

(a) पेस्ट (b) कॉपी

(c) कट (d) डिलीट

34. लाइन एक्स क्या है?

(a) सॉफ्टवेयर (b) मल्टीमीडिया टूल

(c) ऑपरेटिंग सिस्टम (d) हार्डवेयर

35. इनमें से कौन सिस्टम आइकन नहीं है?

(a) My computer (b) My document

(c) Internet Exploler (d) Nortoin

36. Recycle Bin क्या है?

(a) कचरे का डब्बा

(b) फाइल सेव करने की जगह

(c) डिलीट की गई फाईल्स रखने की जगह

(d) एन्टीवायरस फाईलों की जगह

37. Shift + delete command का क्या उपयोग है?

(a) एक्सेल से वर्कशीट हटाना

(b) फाइल का नाम बदलना

(c) किसी फाइल को कॉपी करना

(d) किसी फाइल को परमार्नेंट डिलीट करना

38. Alt + F4 से क्या होता है?

(a) नई विंडो खुलना

(b) कप्यूटर का समय देखना

(c) प्रिंट दी गई कमांड को रद्द करना

(d) किसी खुली विंडो को बंद करना

39. वॉयस इनपुट एंड रिकॉइगनेशन सिस्टम कैसी डिवाइस है?

(a) आउटपुट डिवाइस (b) इनपुट डिवाइस

(c) दोनों (d) इसमें से कोई नहीं

40. मेन मेमोरी और मैग्नेटिक स्टोरेज में अंतर ये है कि मेमोरी अस्थाई होती है और स्टोरेज क्या होती है?

(a) अस्थाई (b) स्थाई

(c) धीमी (d) तेज

41. इनमें से किसमें ROM, CPU, RAM और एक्सपेंशन कार्ड होते हैं?

(a) हार्ड डिस्क (b) मदर बोर्ड

(c) फ्लॉपी डिस्क (d) इसमें से कोई नहीं

42. एक फ्लॉपी डिस्क में जो डाटा स्टोर किए जाते है वो इनमें से किस तरीके से एक्सेस किए जाते हैं?

(a) डायरेक्ट (b) सीरियल

(c) ये दोनों (d) इसमें से कोई नहीं

43. जो भाषा कम्प्यूटर समझ सकता है और एक्जीक्यूट कर सकता है, उसे क्या कहा जाता है?

(a) मशीन या बाइनरी लैंग्वेज

(b) एप्लीकेशन सॉफ्टवेयर

(c) सिस्टम प्रोग्राम

(d) इसमें से कोई नहीं

44. इनमें से कौन इनपुट डिवाइस नहीं है?

(a) माउस (b) स्कैनर

(c) माइक्रोफोन (d) इसमें से कोई नहीं

45. इनमें से कौन 'सॉफ्टवेयर' शब्द का अच्छी से वर्णन करता है?

(a) ऑपरेटिंग सिस्टम (b) एप्लीकेशन प्रोग्राम

(c) दोनों (d) इसमें से कोई नहीं

46. CD-ROM कैसी मेमोरी है?

(a) अस्थाई मेमोरी (b) स्थाई मेमोरी

(c) मैग्नेटिक मेमोरी (d) इसमें से कोई नहीं

47. सूचना को रिट्रीव करना इसमें से सबसे तेज होता है?

(a) फ्लॉपी डिस्क (b) मैग्नेटिक टेप

(c) हार्डडिस्क (d) CD-ROM

48. सॉफ्टवेयर एक प्रोग्राम होता है जो कंप्यूटर के ओवरऑल ऑपरेशन को निर्देशित करता है, इसके उपयोग में मदद करता है और यूजर के साथ इंटरैक्ट करता है। इस सॉफ्टवेयर को क्या कहते है?

(a) ऑपरेटिंग सिस्टम (b) लैंग्वेज कम्पाइलर

(c) यूटिलिटीज (d) उपर्युक्त सभी

49. विंडोज में डिस्क ड्राइव A: से डिलीट की गई फाइल किस में जाती है?
(a) रीसाइकिलबिन (b) माई कम्प्यूटर
(c) विंडोज एक्सप्लोलर (d) स्थाई रूप से डिलीटेड

50. एक एप्लीकेशन से दूसरे में डाटा या इमेजेस को एक्सचेंज करना किसके प्रयोग से किया जाता है?
(a) आयकन्स (b) कंट्रोल पैनेल
(c) क्लिपबोर्ड (d) इसमें से कोई नहीं

सही और गलत

51. माइक्रोसॉफ्ट वर्ड एक वर्ड प्रोसेसर है जो विंडोज ऑपरेटिंग सिस्टम के अंतर्गत कार्य करता है।
(a) सही (b) गलत

52. हम डॉक्यूमेंट्स में स्पेलिंग्स चैक नही कर सकते हैं।
(a) सही (b) गलत

53. वर्ड को स्टार्ट करने के लिए स्टार्ट बटन पर क्लिक करो प्रोग्राम को हाईलाइट करो माइक्रोसॉफ्ट वर्ड पर क्लिक करके MS वर्ड स्टार्ट हो जाता है।
(a) सही (b) गलत

54. एक खुली विंडो के ऊपर टाइटल बार नही होता है।
(a) सही (b) गलत

55. कैरेक्टर साइज पॉइंट में मापा जाता है।
(a) सही (b) गलत

56. मेन्यू बार ठीक टाइटल बार के नीचे स्थित होता है।
(a) सही (b) गलत

57. Ctrl + U अंडरलाइन को सैट करता है।
(a) सही (b) गलत

58. जूम डॉक्यूमेंट में मैग्नीफिकेशन को कंट्रोल नहीं करता है।
(a) सही (b) गलत

59. इन्सर्ट एक्सल स्प्रेडशीट डॉक्यूमेंट में एक एक्सलशीट इन्सर्ट करता है।
(a) सही (b) गलत

60. ऑफिस असिस्टेंस को कस्टमाइज करने के लिए असिस्टेंट विंडो को राइट क्लिक करना चाहिए।
(a) सही (b) गलत

61. किसी बेसिक प्रोग्राम को मेमोरी में लोड करने के लिए आदेश दिया जाता है।
(a) सही (b) गलत

62. बैंको में कम्प्यूटरों का कोई उपयोग नही किया जाता है।
(a) सही (b) गलत

63. कंप्यूटर द्वारा बड़ी-बड़ी बिल्डिगों का डिजाइन सरलता से तैयार किया जाता है।
(a) सही (b) गलत

64. लीज्ड लाइन्स डेडिकेटेड कनेक्शन्स होते हैं।
(a) सही (b) गलत

65. लीज्ड लाइन्स बहुत महँगी होती हैं।
(a) सही (b) गलत

66. वैन लिंक्स को 3 श्रेणियों में नहीं बांटा गया है।
(a) सही (b) गलत

67. इंटरनेट कई सारे नेटवर्क्स का एक इंटरकनेक्शन नहीं है।
(a) सही (b) गलत

68. वर्ल्ड वाइड वेब इंटरनेट एक आउटस्टैडिंग फीचर है।
(a) सही (b) गलत

69. ई-मेल मैसेजेस, वॉयस, वीडियो और ग्राफिक्स डिजिटल कम्यूनिकेशन लिंक हैं।
(a) सही (b) गलत

70. यूजनेट का अर्थ है यूजर नेटवर्क।
(a) सही (b) गलत

71. स्काईप में कॉन्टैक्ट्स ऐड में सिर्फ एक सिंगल कॉन्टैक्ट ऐड नहीं कर सकते हैं।
(a) सही (b) गलत

72. स्काईप को स्टार्ट करने के लिए स्टार्ट बटन पर क्लिक नही करते हैं।
(a) सही (b) गलत

73. फेसबुक पर खोलने के लिए फेसबुक में लॉगइन करना चाहिए।
(a) सही (b) गलत

74. टिवट्र एक फ्री सोशल नेटवर्किंग और माइक्रो ब्लॉगिंग सर्विस नहीं है।
(a) सही (b) गलत

75. सोशल नेटवर्क जैसे फेसबुक और माईस्पेस का प्रयोग ज्यादातर हर तरह के बिजनेस को प्रमोट करने के लिए होता है।
(a) सही (b) गलत

76. VLSI (वेरी लार्ज स्केल इंटीग्रेशन) है।
(a) सही (b) गलत

77. वेब कैमरा : इसमें आधुनिक वेब कैमरे में एक डिजिटल कैमरा होता है।
(a) सही (b) गलत

78. वर्कस्टेशन एक लोकल एरिया नेटवर्क में स्थित एक एक्सेस पॉइंट जो नेटवर्क द्वारा प्रदान की जाने वाली सर्विसेज के लिए होता है।
(a) सही (b) गलत

79. व्हाट-इफ-ऐनालिसिस वर्कशीट वैल्यूज को बदलने और वर्कशीट फाइल में उन बदलाव के प्रभाव को देखने की प्रक्रिया है।
(a) सही (b) गलत

80. XY ग्राफ दोनों X और Y एक्सिस के स्केल्स का प्रयोग करता है
(a) सही (b) गलत

81. वीडियो डिस्प्ले यूनिट 1/0 डिवाइस है जिसमें आउटपुट दिखाने के लिए एक टेलिविजन जैसी स्क्रीन नहीं होती है।
(a) सही (b) गलत

82. एक्सेल की पॉवर डाटा आइटम्स को स्टोर नही करती है।
(a) सही (b) गलत

83. एक सेल में 4 अलग-अलग तरह के डाटा हो सकते हैं।
(a) सही (b) गलत

84. न्यूमेरिकल्स में सभी डेसीमल डिजिट जैसे 0 से 9 पर आप जोड़, घटाव, गुणा, भाग नहीं कर सकते।
(a) सही (b) गलत

85. माइक्रोसॉफ्ट F1 हेल्प के लिए ऑफिस असिस्टेंट को स्टार्ट नहीं करता है।
(a) सही (b) गलत

86. चार्ट विज़ार्ड चार्ट बनाता है।
(a) सही (b) गलत

87. सॉर्ट एसेंडिंग सिलेक्टेड सेल्स को एसेंडिंग ऑर्डर में सार्ट करता है
(a) सही (b) गलत

88. ई-मेल करेंट वर्कशीट के कंटेन्ट को ई-मेल मैसेज के रूप में नहीं भेजता है।
(a) सही (b) गलत

89. एक्सल में इमेज ऑडियो-वीडियो क्लिप जोड़े जा सकते हैं।
(a) सही (b) गलत

90. Ctrl + Z यह पिछले कमांड या एक्शन को अनडू या उल्टा नही करता है।
(a) सही (b) गलत

91. Ctrl + K यह HTML के लिए डॉक्यूमेंट में हाइपरलिंक इन्सर्ट करता है।
(a) सही (b) गलत

92. एप्लीकेशन विंडो उसके अंतर्गत वर्ड 2000 रन करता है।
(a) सही (b) गलत

93. टाइटल बार एक एप्लीकेशन या डॉक्यूमेंट विंडो के ऊपर टाइटल बार नही होती है।
(a) सही (b) गलत

94. रिस्टोर बटन यह आइटल बार के दाईं ओर एक डबल बॉक्स नही बना होता है।
(a) सही (b) गलत

95. आपके कम्प्यूटर में प्रत्येक चीज आपके हार्डडिस्क पर स्थित फाइल्स से ही बनी होती है।
(a) सही (b) गलत

96. मुख्य कम्प्यूटर हैं-ऐनालॉग, डिजिटल।

(a) सही (b) गलत

97. डिजिटल कम्प्यूटर ऐसी सूचनाओं को प्रोसेस करते हैं जो विशेष रूप से बाइनरी या टू-स्टेट में नही होती है।

(a) सही (b) गलत

98. ऐकर्ट और मोकली ने 1946 में एक नई कंपनी स्थापित नहीं की थी।

(a) सही (b) गलत

99. एक्यूरेसी अथवा परिशुद्धता हमेशा हाई होती है।

(a) सही (b) गलत

100. कंट्रोल यूनिट कम्प्यूटर की पूरी वर्किंग को कंट्रोल करने के लिए जिम्मेदार नहीं होती है।

(a) सही (b) गलत

उत्तरमाला

1. (a)	**2.** (b)	**3.** (a)	**4.** (d)	**5.** (d)	**6.** (c)	**7.** (b)	**8.** (c)	**9.** (a)	**10.** (a)
11. (b)	**12.** (c)	**13.** (a)	**14.** (b)	**15.** (c)	**16.** (c)	**17.** (a)	**18.** (a)	**19.** (a)	**20.** (c)
21. (d)	**22.** (c)	**23.** (a)	**24.** (c)	**25.** (a)	**26.** (a)	**27.** (c)	**28.** (b)	**29.** (a)	**30.** (c)
31. (c)	**32.** (b)	**33.** (a)	**34.** (c)	**35.** (d)	**36.** (c)	**37.** (d)	**38.** (d)	**39.** (b)	**40.** (b)
41. (b)	**42.** (c)	**43.** (a)	**44.** (d)	**45.** (b)	**46.** (d)	**47.** (b)	**48.** (d)	**49.** (d)	**50.** (c)
51. (a)	**52.** (b)	**53.** (a)	**54.** (b)	**55.** (a)	**56.** (a)	**57.** (a)	**58.** (b)	**59.** (a)	**60.** (a)
61. (a)	**62.** (b)	**63.** (a)	**64.** (a)	**65.** (a)	**66.** (b)	**67.** (b)	**68.** (a)	**69.** (a)	**70.** (a)
71. (b)	**72.** (b)	**73.** (a)	**74.** (b)	**75.** (a)	**76.** (a)	**77.** (b)	**78.** (a)	**79.** (b)	**80.** (a)
81. (b)	**82.** (b)	**83.** (a)	**84.** (b)	**85.** (b)	**86.** (a)	**87.** (a)	**88.** (b)	**89.** (a)	**90.** (b)
91. (b)	**92.** (a)	**93.** (b)	**94.** (b)	**95.** (a)	**96.** (a)	**97.** (b)	**98.** (b)	**99.** (a)	**100.** (b)

प्रैक्टिस टेस्ट पेपर-III

1. **MS Power Point 2003 में Outline और स्लाइड टैब किस रूप में नज़र आतें हैं?**
   (a) नार्मल (b) स्लाइड क्रम
   (c) नोट पेज पर (d) स्लाइड शो पर
2. **पावर पॉइंट प्रेजेंटेशन क्या है?**
   (a) जो वेब पेज को सेव कर सके
   (b) जो वेब पेज को सेव नहीं कर सके
   (c) स्लाइड को सेव करने वाला
   (d) मीडिया फाइल को सेव करने वाला
3. **इनमें से कौन की कमांड डॉयलाग बॉक्स का शॉर्टकट है?**
   (a) Ctrl + C (b) Ctrl + D
   (c) Ctrl + E (d) Ctrl + F
4. **Ctrl और Shift किस प्रकार के बटन हैं?**
   (a) Adjustment (b) Modifier
   (c) Function button (d) इसमें से कोई नहीं
5. **मध्यांतर Alignment की शॉर्टकट Key क्या है?**
   (a) Ctrl + C (b) Ctrl + E
   (c) Ctrl + L (d) Ctrl + F
6. **Macros का इस्तेमाल कहाँ किया जाता है?**
   (a) MS word (b) Window
   (c) MS excel (d) इसमें से कोई नहीं
7. **लुकअप का प्रयोग इनमें से कहां किया जाता है?**
   (a) MS Word (b) MS Access
   (c) MS Excel (d) MS Power Point
8. **क्लिप आर्ट इनमें से किसका टूल है?**
   (a) MS Word (b) MS Access
   (c) MS Excel (d) MS Power Point
9. **लैटर ड्राफ्टिंग के लिए किस सॉफ्टवेयर का उपयोग होता है?**
   (a) MS Word (b) MS Excel
   (c) MS Power Point (d) MS Access
10. **I_3 किसका प्रकार है?**
    (a) computer (b) Printer
    (c) U.P.S. (d) Moniter
11. **स्कैनर क्या है?**
    (a) आउटपुट डिवाइस (b) इनपुट डिवाइस
    (c) डेटा सेविंग डिवाइस (d) इसमें से कोई नहीं
12. **F_2 का प्रयोग किस लिए किया जाता है?**
    (a) फाइल सेव करने के लिए
    (b) नया फोल्डर बनाने के लिए
    (c) किसी फोल्डर को खोलने के लिए
    (d) किसी फाइल या फोल्डर का नाम बदलने के लिए
13. **यदि कम्प्यूटर में माउस लगा हुआ है और उसमें Window 98 Install है तो डेटाबेस मैनेजमेंट के लिए हम किसका प्रयोग करेंगे।**
    (a) Access (b) Mouse
    (c) C.P.U (d) U.P.S
14. **Excel में एक वर्कबुक में कई वर्कशीट रखी जाती है जो दूसरे से डेटा आदान-प्रदान कर सकता है। इस तरह की एक से दूसरी वर्कशीट पर जाने के लिए किस बटन को दबाएंगें?**
    (a) Ctrl + Pg Up (b) Ctrl + Pg Dn
    (c) Ctrl + Z (d) Ctrl + O
15. **यदि हम एक ROW या कॉलम मूव करना चाहते हैं तो स्क्रॉल बार पर कितने बार क्लिक करना चाहिए?**
    (a) 4 (b) 3
    (c) 1 (d) 2
16. **स्प्रेडशीट में ऊपर से नीचे की दिशा में जाने पर प्रत्येक ROW को उसके नम्बर के आधार पर पहचानते हैं, उसे क्या कहते हैं?**
    (a) कॉलम हेडिंग (b) रो हेडिंग
    (c) स्क्रॉल बार (d) फॉर्मूला बार

17. टाइटल बार स्क्रीन पर एक पट्टी के रूप में उस प्रोग्राम का नाम दिखाती है जिसमें स्टोर की गई स्प्रेडशीट कार्यरत होती है। इसकी बायीं ओर कौन-सा होता है?
(a) Start (b) between
(c) END (d) इसमें से कोई नहीं

18. यदि हम डॉक्यूमेंट को किसी दूसरी ड्राइव या डायरेक्टरी में सेव करना चाहते हैं तो क्या करते है?
(a) Save (b) Save as
(c) Close (d) Select

19. इनमें से कौन विंडो बेस्ड सॉफ्टवेयर है?
(a) Excel (b) Access
(c) DOS (d) Word

20. Excel को लोड करने पर क्या दिखाई पड़ता है?
(a) पिक्चर (b) गेम
(c) वर्कशीट (d) इसमें से कोई नहीं

21. प्रोग्राम के लॉजिक को चित्र के रूप में व्यक्त करने का तरीका है?
(a) स्यडोकोड (b) फ्लोचार्ट
(c) एल्गोरिथम (d) संरचनात्मक प्रोग्रामिंग

22. टूलबार में "Size" Pop-up मेन्यू को क्लिक करके खोलते हैं और 18 पर क्लिक करते हैं। अब Select किए गए मैटर का Point size कितना होगा?
(a) Point size 19 (b) Point size 17
(c) Point size 18 (d) Point size 20

23. टूलबार में किस 'की' को दबाकर अंडरलाइन Effect को ऑन करते हैं?
(a) 'K' Key (b) 'b' Key
(c) 'U' Key (d) 'D' Key

24. किसी भी डायलॉग बॉक्स में एक से दूसरे विकल्प पर जाने के लिए किस Key का प्रयोग करते हैं?
(a) Tab Key (b) Shift
(c) Ctrl (d) इसमें से कोई नहीं

25. किस कमाण्ड के द्वारा किसी एक डिस्क में एकत्रित सारा विषय किसी दूसरी डिस्क पर कॉपी किया जा सकता है?
(a) Format (b) X copy
(c) RD (d) Disk copy

26. पैन ड्राइव क्या है?
(a) डेटा स्टोरेज डिवाइस (b) नेटवर्क डिवाइस
(c) दोनों (d) इसमें से कोई नहीं

27. Zip ड्राइव क्या है?
(a) नेटवर्क डिवाइस (b) डेटा स्टोरेज डिवाइस
(c) दोनों (d) इसमें से कोई नहीं

28. बुकमार्क किसका टूल है?
(a) MS Word (b) MS Power Point
(c) MS Excel (d) इसमें से कोई नहीं

29. कुकीज़ का उपयोग किस सॉफ्टवेयर में होता है?
(a) इंटरनेट एक्सफ्लोरर (b) एमएस ऑफिस
(c) भाषा (d) इसमें से कोई नहीं

30. किस कमाण्ड के द्वारा फाइल कॉपी होती है साथ ही साथ डायरेक्टरी भी कॉपी हो जाती है?
(a) Disk copy (b) X copy
(c) CHK DSK (d) इसमें से कोई नहीं

31. External कमाण्ड्स केवल तभी काम करती हैं जब फाइल उनमें उपलब्ध होनी चाहिए?
(a) C.P.U (b) U.P.S
(c) DOS (d) इसमें से कोई नहीं

32. असेम्बलर एक-
(a) ऑपरेटिंग सिस्टम है (b) सॉफ्टवेयर है
(c) प्रोग्रामिंग लैंग्वेज है (d) लैंग्वेज प्रोसेसर है

33. GUI का पूरा नाम है-
(a) गुड यूजर इंटरफेस (b) ग्राफिकल इंटरफेस
(c) ग्राफिकल अंडर इंटरफेस (d) ग्राफिकल यूजर इंटरफेस

34. कम्प्यूटर ऑन करने पर विंडोज की प्रथम स्क्रीन कहलाती है।
(a) डेस्कटॉप (b) आइकन
(c) विंडो (d) डायलॉग बॉक्स

35. विंडो के चारों ओर की सीमा रेखा को कहते हैं।
(a) वालपेपर (b) डेस्कटॉप
(c) बॉर्डर (d) माउस

36. वर्तमान समय और दिनांक जिसके ऊपर दिखाई देती है वह क्या होती है?

(a) मिनिमाइज बटन (b) विंडो
(c) टास्क बटन (d) मैन्यू बार

37. इनमें से किसमें ROM, CPU, RAM और एक्सपेंशन कार्ड होते हैं?

(a) हार्ड डिस्क (b) फ्लॉपी डिस्क
(c) मदरबोर्ड (d) इसमें से कोई नहीं

38. एक फ्लॉपी डिस्क में जो डाटा स्टोर किए जाते हैं वो इनमें से किस तरीके से एक्सेस किए जाते हैं?

(a) सीरियल (b) डायरेक्ट
(c) दोनों (d) इसमें से कोई नहीं

39. इनमें से कौन एक सैकेंड्री स्टोरेज डिवाइस है?

(a) सीडी रोम (b) RAM
(c) दोनों (d) इसमें से कोई नहीं

40. कम्प्यूटर सिस्टम के कम्पोनेन्ट्स इनमें से कौन नहीं हैं?

(a) CPU (b) VDU
(c) इनपुट और आउटपुट डिवाइस
(d) U.P.S

41. जॉयस्टिक कैसी डिवाइस है?

(a) पॉइंटिंग डिवाइस (b) स्कैनर
(c) ओ एम आर (d) इसमें से कोई नहीं

42. .... एक स्क्रीन बैकग्राउंड और विंडो का मुख्य एरिया है जहाँ आप फाइल्स एवं प्रोग्राम को खोल और मैनेज कर सकते हैं।

(a) आयकन (b) डेस्कटॉप
(c) एप्लीकेशन विंडो (d) स्क्रीन सेवर

43. कौन लास्ट कमांड या एक्शन को रिपोर्ट करता है?

(a) अनडू (b) रीडू
(c) पेस्ट (d) न्यू

44. किस कमान्ड द्वारा ड्रॉपडाउन लिस्ट अलग-अलग फॉर्मेट स्टाइल दिखाती है?

(a) (Style) Ctrl + shift + S
(b) (Font) Ctrl + shift + S
(c) (Bold) Ctrl + shift + S
(d) इसमें से कोई नहीं

45. इनमें से कौन माउस पॉइंटर को एक मैग्नीफाइंग ग्लास (डॉक्यूमेंट की जाँच के लिए) और एक नॉर्मल पॉइंटर (डॉक्यूमेंट को एडिट करने के लिए) के बीच टॉगल करता है।

(a) प्रिंट (b) जूम
(c) मैग्नीफायर (d) कंट्रोल

46. क्लोज प्रिव्यू किसके द्वारा डॉक्यूमेंट में वापस आ जाता है।

(a) Start (b) Close
(c) दोनों (d) इसमें से कोई नहीं

47. MS वर्ड में आप सिलेक्ट किए गए पैराग्राफ को इसके राइट में एलाइन करने के लिए क्या दबाते हैं?

(a) Ctrl + E (b) Ctrl + L
(c) Ctrl + R (d) Ctrl + D

48. कौन-सा शब्द उन वर्ड प्रोसेसिंग प्रोग्राम के लिए इस्तेमाल होता है जो आपको सीधे पीसी स्क्रीन पर आपके डॉक्यूमेंट की फाइनल अपीयरेंस दिखाता है जो डॉक्यूमेंट पेपर पर प्रिंट हो; ठीक उसकी तरह ही दिखाता है।

(a) सर्च एंड रिप्लेस (b) पेजीनेशन
(c) सॉफ्ट कॉपी (d) WYSIWYG

49. पहली इलेक्ट्रॉनिक वर्कशीट को क्या कहा जाता है?

(a) विज़ी कैल्क (b) माइक्रोसॉफ्ट एक्सल
(c) लोटस 1-2-3 (d) इसमें से कोई नहीं

50. सेल रेफरेंस B2 : B9 को एक ऐब्सील्यूट रो और कॉलम रेफरेंस में बदलने के लिए आप इसे किस प्रकार से एंटर करेंगे?

(a) B2 : B9 (b) B2 : B9
(c) B$1 : B$9 (d) ये सभी

सही और गलत

51. स्लाइड शो में स्टार्ट स्लाइड शो सेटअप एवं मॉनीटर 4 तरह के कमांड होते हैं।

(a) सही (b) गलत

52. एनिमेशन टैब हम अपनी स्लाइड में एनिमेशन इंसर्ट करने की सुविधा प्रदान करता है।
(a) सही (b) गलत

53. बैकग्राउण्ड कमांड के द्वारा आप अपने स्लाइड के बैकग्राउण्ड को अपनी पसंद के अनुसार चेंज कर सकते हैं।
(a) सही (b) गलत

54. पॉवर पॉइंट 2007 में 20 थींम कलर कॉम्बीनेशन ले-आउट एवं फॉन्ट के अनुसार सेट नहीं कर सकते है।
(a) सही (b) गलत

55. डिजाइन टैब में पेज सेटअप, थीम एवं बैकग्राउण्ड कमांड नहीं होते हैं।
(a) सही (b) गलत

56. होम टैब में छः ग्रुप क्लिक बोर्ड स्लाइड फॉन्ट, पैराग्राफ, ड्राइंग एवं एडिटिंग होते हैं।
(a) सही (b) गलत

57. फॉन्ट में फॉन्ट टाइप, फॉन्ट साइज बोल्ड, इलैलिक्स, अन्डरलाइन्स कलर, चेन्ज केस इत्यादि कमाण्ड नहीं होते हैं।
(a) सही (b) गलत

58. ई-मेल में बहुत कम एंडवांस फीचर होते हैं।
(a) सही (b) गलत

59. BCC की फुल फार्म Black carban copy होती है।
(a) सही (b) गलत

60. एक्सल में चार्ट के द्वारा उत्पाद मूल्यांकन/तुलना को स्पष्ट रूप से दिखाया जा सकता है।
(a) सही (b) गलत

61. रिसीव्ड एस एम टी पी सर्वर जब मैसेज को रिसीव करता है तो इस रिकार्ड ट्रेस में नहीं डालता है जहाँ पर लास्ट टू फर्स्ट रिकार्ड को सर्च नहीं करता है।
(a) सही (b) गलत

62. ID के दो भाग होते हैं प्रथम भाग का चयन किया जाता है एवं द्वितीय भाग डोमेन पार्ट होता है।
(a) सही (b) गलत

63. हैडर फील्ड ई-मेल मैसेज का हैडर होता है जो सबसे ऊपरी सेक्शन में होता है। यह मैसेज के स्टेट्स के बारे में सूचना दिखाता है।
(a) सही (b) गलत

64. वेब पेज को प्रिंट करने का आसान तरीका है टूलबार पर स्थित प्रिंट बटन पर क्लिक नहीं करना।
(a) सही (b) गलत

65. इंटरनेट सर्वर का वेब ब्राउजिंग सॉफ्टवेयर क्लाइंट होता है इसके द्वारा ही किसी इन्फार्मेशन को इंटरनेट पर सेंड, रिसीव या रिट्राइव नहीं करता है।
(a) सही (b) गलत

66. WWW इसका उपयोग इण्टरनेट साइट के एक्सेस करने में किया जाता है। इसमें हाइपर टेक्स्ट डाक्यूमेंट आपस में लिंक होते हैं।
(a) सही (b) गलत

67. वेब ब्राउजर लिंक्स 1989 में नहीं बनाया गया था।
(a) सही (b) गलत

68. डिजिटल सब्सक्राइबर लाइन इस टेक्नीक में डिजिटल लाइन होती है और मॉडम के स्थान पर राउटर लगा होता है।
(a) सही (b) गलत

69. T-1 एक बहुत ही खराब प्रकार की टेक्नीक है जो कि कई वर्षों से बिजनेस के उद्देश्य से नहीं चलायी जा रही है।
(a) सही (b) गलत

70. सोनेट यह एक सिंक्रोनस ऑप्टिकल नेटवर्क है, इसकी स्पीड बेसिक रेट OCI : 51.84 mbps support OC 12 और OC192 (995.28 mbps) तक होती है
(a) सही (b) गलत

71. अबेकस का आविष्कार 450 ई० पूर्व हुआ था।
(a) सही (b) गलत

72. पॉवर पॉइंट में 35 एमएम का स्लाइड शो तैयार नहीं किया जा सकता है।
(a) सही (b) गलत

73. पास्कल कैलकुलेटर के हर पहिये पर कटाव थे जो 0 से 9 तक संख्याओं को दर्शाते थे।

(a) सही (b) गलत

74. स्लाइड रूल का आविष्कार अंग्रेजी गणितज्ञ सर विलियम ऑररेड ने नहीं किया।

(a) सही (b) गलत

75. स्लाइड रूल कई प्रकार की अंक गणितीय गणनाएं करता है जैसे-गुणा, भाग, वर्ग, वर्गमूल आदि।

(a) सही (b) गलत

76. MS वर्ड में डॉक्यूमेंट बनाने के लिए उससे पहले मेन्यू बार में फाइल पर क्लिक करके उसके बाद न्यू पर क्लिक किया जाता है।

(a) सही (b) गलत

77. फाइल को जल्दी से फॉरमेट करने के लिए हमें Format a:/8 बटन दबाना चाहिए।

(a) सही (b) गलत

78. Tree कमाण्ड का प्रयोग डायरेक्ट्रियों का ढाँचा देखने के लिए किया जाता है।

(a) सही (b) गलत

79. एक्सटेंशन 4 करैक्टर लम्बा हो सकता है।

(a) सही (b) गलत

80. यदि आप डॉस का प्राम्ट बदलना चाहते हैं तो आपको डिलीट कमाण्ड का प्रयोग करना पड़ेगा।

(a) सही (b) गलत

81. DOS हार्ड डिस्क या फ्लॉपी डिस्क में रहता है। जहाँ से यह कम्प्यूटर की मेन मैमोरी से लोड किया जाता है।

(a) सही (b) गलत

82. डॉस सूचनाओं को डाइरेक्ट्री तथा फाइलों में संभाल कर नहीं रखता है।

(a) सही (b) गलत

83. I.O.DOS System यह सिस्टम में इनपुट/आउटपुट कराने मे सहायता करता है।

(a) सही (b) गलत

84. MS Dos चेकर का कार्य करता है।

(a) सही (b) गलत

85. डॉस में दो प्रकार की कमान्डस् होती हैं आन्तरिक कमान्ड्स और बाहरी कमान्ड्स।

(a) सही (b) गलत

86. वायरस को मैलीसियस (ईष्यालु) लॉजिक प्रोग्राम नहीं कहते हैं।

(a) सही (b) गलत

87. फाइल बनाने के लिए कमाण्ड प्रयोग करें copy con <File Name>।

(a) सही (b) गलत

88. इन्टरप्रेटर लो लेवल लैंग्वेज प्रोग्राम नहीं होते हैं।

(a) सही (b) गलत

89. हाई लेवल लैंग्वेज प्रोग्राम को एक साथ लाइन करके मशीन लैंग्वेज में बदलता है।

(a) सही (b) गलत

90. BASIC का पूरा नाम Beginners All purpose sysbolic Intrution code है।

(a) सही (b) गलत

91. काम्पाइलर सारे निर्देशों को लो लेवल लैंग्वेज में संग्रहित करके उन्हें एक कार्य पूरा करने के लिए मशीन लैंग्वेज में बदल देता है।

(a) सही (b) गलत

92. वायरस को लॉजिक बम या टाइम बम नहीं कहा जा सकता है।

(a) सही (b) गलत

93. एप्लिकेशन सॉफ्टवेयर दो प्रकार के होते हैं। (1) कस्टमाइज़्ड पैकेज़ (2) जरनलाइज़्ड पैकेज़।

(a) सही (b) गलत

94. ट्री टोपीलॉजी बस टोपोलॉजी पर सुधार नहीं है।

(a) सही (b) गलत

95. बस टोपोलॉजी में सभी कम्प्यूटर एक तिरछी रेखा में जुड़े रहते हैं।

(a) सही (b) गलत

96. रिंग टोपोलॉजी में सर्वर तथा टर्मिनलों को केबल के द्वारा जोड़ा जाता है।

(a) सही (b) गलत

97. मैट्रोपॉलिटन एरिया नेटवर्किंग एक विस्तृत रूप है। यह नेटवर्क किसी एक क्षेत्र या शहर से जुड़ा होता।

(a) सही (b) गलत

98. वाइड एरिया नेटवर्किंग में डॉटा को एनालॉग रूप मे परिवर्तित करके मॉडम की सहायता से ट्रांसमीटरों द्वारा भेजे जाते हैं।

(a) सही (b) गलत

99. मुख्य कम्प्यूटरों को सर्वर नहीं कहते है।

(a) सही (b) गलत

100. टेक्स्ट को तिरछा करने के लिए फॉर्मेटिंग टूलबार में **Italic** टूल को क्लिक करते हैं।

(a) सही (b) गलत

उत्तरमाला

1. (a)	**2.** (d)	**3.** (b)	**4.** (d)	**5.** (b)	**6.** (c)	**7.** (c)	**8.** (a)	**9.** (a)	**10.** (a)
11. (b)	**12.** (d)	**13.** (a)	**14.** (a)	**15.** (c)	**16.** (b)	**17.** (c)	**18.** (d)	**19.** (a)	**20.** (c)
21. (b)	**22.** (c)	**23.** (c)	**24.** (a)	**25.** (d)	**26.** (a)	**27.** (b)	**28.** (d)	**29.** (a)	**30.** (b)
31. (c)	**32.** (d)	**33.** (d)	**34.** (a)	**35.** (c)	**36.** (b)	**37.** (c)	**38.** (c)	**39.** (d)	**40.** (d)
41. (a)	**42.** (b)	**43.** (b)	**44.** (a)	**45.** (c)	**46.** (b)	**47.** (c)	**48.** (d)	**49.** (a)	**50.** (c)
51. (b)	**52.** (a)	**53.** (a)	**54.** (b)	**55.** (b)	**56.** (a)	**57.** (b)	**58.** (b)	**59.** (b)	**60.** (a)
61. (b)	**62.** (a)	**63.** (a)	**64.** (b)	**65.** (b)	**66.** (a)	**67.** (b)	**68.** (a)	**69.** (b)	**70.** (a)
71. (a)	**72.** (b)	**73.** (a)	**74.** (b)	**75.** (a)	**76.** (a)	**77.** (b)	**78.** (a)	**79.** (b)	**80.** (b)
81. (a)	**82.** (b)	**83.** (a)	**84.** (a)	**85.** (a)	**86.** (b)	**87.** (a)	**88.** (b)	**89.** (b)	**90.** (a)
91. (a)	**92.** (b)	**93.** (a)	**94.** (b)	**95.** (b)	**96.** (a)	**97.** (a)	**98.** (a)	**99.** (b)	**100.** (a)

प्रैक्टिस टेस्ट पेपर-IV

1. **निर्णयात्मक चिन्ह का उपयोग फ्लोचार्ट में होता है?**
   (a) लूप लिखने के लिए
   (b) सूत्र लिखने के लिए
   (c) शर्त लिखने के लिए
   (d) निर्देशों के समूह के लिए
2. **इनमें से लॉजिक को चित्र के रूप में व्यक्त करने का क्या तरीका है?**
   (a) फ्लोचार्ट (b) स्युडोकोड
   (c) संरचनात्मक प्रोग्रामिंग (d) एल्गोरिथम
3. **शॉर्टकट आयकन के संदर्भ में इनमें से कौन-सा स्टेटमेंट गलत है?**
   (a) शॉर्टकट्स को ड्रैगिंग एडं ड्रॉपिंग द्वारा बनाया जा सकता है
   (b) शॉर्टकट्स को ड्रैगिंग एडं पेस्ट तरीके से बनाया जा सकता है
   (c) शॉर्टकट्स को शार्टकट विजार्ड द्वारा बनाया जा सकता है
   (d) इसमें से कोई नहीं
4. **इनमें से कौन कम्प्यूटर का ऑपरेटिंग सिस्टम एक सॉफ्टवेयर इंटरफेस की तरह कार्य करता है।**
   (a) मेमोरी (b) पेरीफेब्रल
   (c) हार्डवेयर यूजर (d) स्क्रीन
5. **ऑपरेटिंग सिस्टम का क्या अर्थ है?**
   (a) प्रोग्राम्स का सेट जो कम्प्यूटर की वर्किंग को कंट्रोल करता है
   (b) एक कम्प्यूटर ऑपरेटर के काम करने का तरीका
   (c) हाई लेवल लैंग्वेज को मशीन लेवल लैंग्वेज में बदलना
   (d) फ्लॉपी डिस्क ड्राइव्स जिस तरह से ऑपरेट करती है
6. **एक एप्लीकेशन से दूसरे में डाटा या इमेजेस की एक्सचेंज करना इसके प्रयोग से किया जाता है?**
   (a) आयकन्स (b) कंट्रोल पैनेल
   (c) क्लिपबोर्ड (d) इसमें से कोई नहीं
7. **इंटरनेट मेल द्वारा इनमें से कौन-सा प्रोटोकॉल इस्तेमाल किया जाता है?**
   (a) HTTP (b) TCP/IP
   (c) FTP (d) इसमें से कोई नहीं
8. **WWW स्टैंडर्ड प्रोग्रामर्स को कई अलग-अलग कम्प्यूटर प्लैटफार्म्स पर एक सर्वर पर सूचना दिखाने की अनुमति प्रदान करते हैं। इन प्रोग्रामर्स को क्या कहा जाता है?**
   (a) ISP (b) वेब ब्राउज़र्स
   (c) वेब सर्वर्स (d) इसमें से कोई नहीं
9. **सभी वेब ऐड्रेसेज इनमें से किससे शुरू होते हैं?**
   (a) Htp (b) http:/
   (c) http:// (d) WWW
10. **वर्ल्ड वाइड वेब इनमें से किसे इंटीग्रेट करता है?**
    (a) ई-मेल, टेलनेट, यूजनेट
    (b) साउंड और मूवी फाइल्स
    (c) दोनों
    (d) सभी इंटरनेट कम्प्यूनिकेशन टूल्स
11. **SMTP एक सरल:**
    (a) TCP प्रोटोकॉल है (b) IP प्रोटोकॉल है
    (c) TCP/IP प्रोटोकॉल है (d) तीनों
12. **कम्प्यूटर नेटवर्किंग का एक लोकप्रिय एप्लीकेशन है न्यूज़ ग्रुप का वर्ल्ड वाइड वेब, इसे क्या कहा जाता है?**
    (a) न्यूज़ (b) गेटवेज़
    (c) नेट न्यूज (d) दोनों

13. इनमें से कौन-सा स्टेटमेंट डिज़िटल सिग्नेचर के लिए सही नहीं है?

(a) यह ऑथेन्टिकेशन का एक मैकेनिज़्म है

(b) यह किसी के सिग्नेचर की स्कैन्ड इमेज है

(c) यह सूचना को एन्क्रिप्ट करके बनाई जाती है

(d) इसे डुप्लीकेट नहीं किया जा सकता है

14. इंटरनेट एक्सप्लोलर का ई-मेल कंपोनेंट क्या कहलाता है?

(a) मैसेंजर मेल बॉक्स

(b) मैसेज बॉक्स

(c) आउटलुक एक्सप्रेस

(d) उपर्युक्त में से कोई नहीं

15. इनमें से कौन-सा व्यू एक पॉवरपॉइंट व्यू नहीं है?

(a) स्लाइड सॉर्टर व्यू (b) स्लाइड व्यू

(c) स्लाइड शो व्यू (d) सॉर्टर व्यू

16. हैंड आउट मास्टर में फुटर एरिया इनमें से कहाँ दिखाता है?

(a) पेज के ऊपर (b) पेज के नीचे

(c) पेच के बीच में (d) पेज के अन्दर

17. एक नई स्लाइड इन्सर्ट करने के लिए इनमें से कौन-सा शॉर्टकट प्रयोग किया जाता है?

(a) Ctrl + M (b) Ctrl + N

(c) Ctrl + O (d) Ctrl + P

18. किसी व्यू में नोट्स पेन में क्या दिखाई देता है?

(a) नॉर्मल व्यू (b) आउटलाइन व्यू

(c) दोनों (d) इसमें से कोई नहीं

19. विंडोज मे डिस्क ड्राइव A: से डिलीट की गई फाइल किस में जाती है?

(a) रीसाइकिलबिन (b) माई कम्प्यूटर

(c) विंडोज एक्सप्लोलर (d) स्थाई रूप से डिलीटेड

20. एक एप्लीकेशन को डेस्कटॉप पर स्थित शॉर्टकट द्वारा इस प्रकार खोला जा सकता है?

(a) इसके शॉर्टकट पर डबल क्लिक करके

(b) राइट क्लिक और ओपन ऑप्शन चुनकर

(c) आयकन सिलेक्ट करके फिर एंटर key दबाकर

(d) उपर्युक्त सभी

21. एक न्यू प्रिंटर को..........में प्रिंटर एंड फैक्सेस ऑप्शन द्वारा ऐड किया जा सकता है।

(a) कंट्रोल पैनल

(b) फाइल मैनेजर

(c) डायनामिक डाटा एक्सचेंज

(d) इसमें से कोई नहीं

22. इनमें से किसमें ROM, CPU, RAM और एक्सपेंशन कार्ड्स होते हैं?

(a) हार्ड डिस्क (b) फ्लॉपी डिस्क

(c) मदरबोर्ड (d) CD

23. सूचना को रिट्रीव करना इसमें से सबसे तेज होता है-

(a) फ्लॉपी डिस्क (b) मैग्नेटिक टेप

(c) हार्ड डिस्क (d) CD ROM

24. इनमें से कौन एक इनपुट डिवाइस नहीं है?

(a) माइक्रोपेन (b) माउस

(c) स्कैनर (d) इसमें से कोई नहीं

25. जब वर्ड लोड हो जाता है तब ओपनिंग स्क्रीन एक डॉक्यूमेंट को डिस्प्ले करती है जिसका नाम होता है।

(a) डॉक्यूमेंट (b) DOC2

(c) DOCI (d) इनमें से से कोई नहीं

26. एक्सेल फाइल का एक्सटेंशन है।

(a) .TMT (b) .XXL

(c) .XIS (d) इसमें से कोई नहीं

27. एक्सेल में एक फंक्शन होता है:

(a) एक रेडिमेड फॉर्मूला

(b) एक शॉर्टकट फॉर्मूला

(c) को फंक्शन विजार्ड का प्रयोग करके बनाया जाता है

(d) उपर्युक्त सभी

28. इंटरनेट एक .... का नेटवर्क होता है।

(a) कम्प्यूटर्स (b) टर्मिनल

(c) नेटवर्क्स (d) इसमें से कोई नहीं

29. IP ऐड्रेस नंबर .... तक वैरी करते हैं।

(a) 1 - 255 (b) 2 - 255

(c) 0 - 254 (d) 0 - 253

30. एब्सोल्यूट URL इसका प्रयोग करता है।

(a) कम्प्लीट इंटरनेट एड्रेस

(b) पार्शियली इंटरनेट एड्रेस

(c) पार्टली इंटरनेट एड्रेस

(d) इसमें से कोई नहीं

31. WAIs किसके लिए होता है।

(a) वाइड ऐज्यूम्ड इंटिमेशन सेक्शन

(b) वाइड एरिया इंफॉर्मेशन सिस्टम

(c) वाइड एरिया इंटरनेट सर्विस

(d) इसमें से कोई नहीं

32. वेब पेजेस को किसका प्रयोग करके यूनीक तरीके से पहचाना जाता है?

(a) IP ऐड्रेस (b) डोमेन

(c) URL (d) फाइल नाम

33. WWW .... से बना होता है।

(a) 1 पेज (b) केवल 100 वेबपेजेस

(c) 500 वेब पेजेस (d) लाखो वेब पेजेस

34. क्लिपबोर्ड के कंटेंट्स वैसे ही रहते हैं जब तक:

(a) आप दूसरी टेकस्ट कट न करें

(b) आप अपना कम्प्यूटर बंद न करें

(c) आप दूसरी टेकस्ट कॉपी न करें

(d) उपर्युक्त सभी

35. वर्ड में ऑटोमैटिक रूप से एक डिफॉल्ट लेफ्ट ऐलाइन्ड टैब स्टॉप प्रत्येक:

(a) 0.2" पर लगता है (b) 0.4" पर लगता है

(c) 0.3" पर लगता है (d) 0.5" पर लगता है

36. जब एक टेबल बन जाती है, इनमें से कौन-सा ऑपरेशन नहीं किया जा सकता है।

(a) एक टेबल में रो इन्सर्ट करना

(b) कालम्स को डिलीट और इन्सर्ट करना

(c) टेबल को दो टेबल्स में स्लिट करना

(d) इसमें से कोई नहीं

37. एक्सल में कॉलम के इंटरसेक्शन को कहा जाता है-

(a) स्कवैयर (b) सेल

(c) क्यूबिकल (d) वर्कशीट

38. ड्रीफाल्ट से एक्सल शीट निम्न फॉन्ट स्टाइल प्रदर्शित करती है-

(a) स्ट्राइक थ्रू (b) इटालिक

(c) बोल्ड (d) इसमें से कोई नहीं

39. इनमें से फॉर्मेटिंग टूलबार कहाँ होता है?

(a) स्टैंडर्ड टूलबार के ठीक नीचे होता है

(b) वर्कशीट टेक्स्ट सिलेक्शन के लिए कॉमन फॉर्मेट्स जैसे इसे बोल्ड, इटालिक्स, अंडरलाइन बनाने या इसकी फॉन्ट साइज और स्टाइल बदलने के लिए किया जाता है।

(c) दोनों

(d) इसमें से कोई नहीं

40. वैन्स IMbps से कम की स्पीड पर ऑपरेट करते हैं जबकि लैन्स की स्पीड होती है।

(a) 1 से 4 Mbps के बीच

(b) 2 से 6 Mbps के बीच

(c) 4 से 10 Mbps के बीच

(d) 1 से 10 Mbps के बीच

41. Printek India में पाँच वर्कस्टेशन और दो प्रिंटर्स होते हैं। यह एक किसकी तरह होता है।

(a) LAN (b) WAN

(c) MAN (d) इसमें से कोई नहीं

42. ई-मेल को एक मेल बॉक्स से खोजने के लिए इस्तेमाल किया जाने वाला एक सिंपल प्रोटोकॉल है?

(a) POP3 (b) POP2

(c) IMAP (d) इसमें से कोई नहीं

43. VSNL से सप्लाई किया गया प्रोग्राम जब आप ई-मेल एक्सेस के लिए इंटरनेट कनेक्शन के बारे में माँगते हैं। इनमें से कौन-सा होता है?

(a) ISP (b) Hot Dog

(c) Pine (d) उपर्युक्त सभी

44. इनमें से किसका प्रयोग प्रेजेन्टेशन के स्क्रैच से तैयार किया जाता है।

(a) ऑटोकंटेट विजार्ड (b) डिजाइन टेम्पलेट्स
(c) सैंपल प्रेजेन्टेशन (d) ब्लैंक प्रेजेन्टेशन

45. एक प्रेजेन्टेशन में इलेक्ट्रॉनिक पेज को कहा जाता है।

(a) स्लाइड (b) ई-स्लाइड
(c) ई-पेज (d) पेज

46. MS वर्ड में एक फाइल को सेव करने के लिए किस कमांड का प्रयोग करते हैं?

(a) Ctrl + S (b) Ctrl + Del
(c) Ctrl + D (d) Ctrl + N

47. किस कमांड के द्वारा सब डायरेक्टरी अथवा रूट डायरेक्टरी बनाई जाती है?

(a) DATE (b) TIME
(c) MD (d) LABLE

48. क्या लिखकर ENTER दबाने पर कम्प्यूटर DOS के वर्जन का नाम दिखाता है।

(a) BER (b) CER
(c) DER (d) VER

49. किस कमाण्ड द्वारा प्रयोग की जा रही ड्राइव पर उपस्थित सभी फाइलों की लिस्ट प्रदर्शित होती है।

(a) MIR (b) TYPE
(c) DIR (d) REN

50. विंडो के चारों ओर की सीमा को बॉर्डर कहते हैं। जब माउस पॉइटंर को बार्डर पर ले जाते हैं तो माउस पॉइंटर कितने तीरों में बदल जाता है?

(a) 3 (b) 2
(c) 1 (d) 4

सही और गलत

51. बाइनरी एक ऐसी संख्या प्रणाली है जिसमें केवल दो अंक ही होते हैं 0 और 1.

(a) सही (b) गलत

52. किसी वस्तु या वस्तुओं के समूह के बारे में किसी तथ्य या जानकारी को डाटा नही कहा जाता है।

(a) सही (b) गलत

53. फ्लॉपी डिस्क ड्राइव के द्वारा फ्लॉपियों पर डाटा लिखा और पढ़ा नहीं जा सकता है।

(a) सही (b) गलत

54. किसी कम्प्यूटर को इंटरनेट से जोड़ने के लिए टेलीफोन तथा मोडेम होना आवश्यक नहीं है।

(a) सही (b) गलत

55. आप किसी भी चैट रूम से जुड़कर उस रूम से जुड़े हुए अन्य व्यक्तियों से चैंटिग कर सकते हैं।

(a) सही (b) गलत

56. कई वेब साइट आपको मुफ्त में ही ई-मेल खाता बनाने की सुविधा देती हैं।

(a) सही (b) गलत

57. जब नेटवर्क के कम्प्यूटर दूर-दूर तक बिखरे होते हैं, तो उसको वाइड एरिया नेटवर्क नही कहा जा सकता है।

(a) सही (b) गलत

58. मुख्य रूप से आजकल जिन सर्च इंजनों का प्रयोग किया जाता है, उनमें **yahoo, Google, Altavista, Excite** प्रमुख है।

(a) सही (b) गलत

59. 'नेटस्केप नेविगेटर' और 'इंटरनेट एक्सप्लोलर' दो लोकप्रिय वेब ब्राउज़र हैं-

(a) सही (b) गलत

60. कम्प्यूटर को वायरस के हमले से बचाने के लिए आपको 'एंटी वायरस' नामक सॉफ्टवेयर का प्रयोग नही किया जाता है।

(a) सही (b) गलत

61. MS excel से बाहर आने के लिए File मैन्यू में जाकर Open ऑप्शन पर क्लिक करना चाहिए।

(a) सही (b) गलत

62. एम. एस. एक्सल में आँकड़ों को चार्ट के रूप में भी दिखाया जा सकता है।

(a) सही (b) गलत

63. फ्लॉपी को डिस्केटीज भी कहा जाता है।
(a) सही (b) गलत

64. जानकारियों को टेक्स्ट और तस्वीरों के माध्यम से प्रस्तुत करना प्रस्तुतीकरण नहीं कहलाता है।
(a) सही (b) गलत

65. पावर प्वॉइंट में आप अपनी इच्छा से फॉन्ट का साइज नहीं बदल सकते हैं।
(a) सही (b) गलत

66. लोगो अपने उपयोगकर्ताओं को कार्य करने की तीन विधियाँ प्रदान करता है।
(a) सही (b) गलत

67. प्रोसिजर मोड में दी जाने वाली कमांड To होती है जिसके बाद प्रोसिजर का नाम आता है।
(a) सही (b) गलत

68. इमिजिएट मोड में जल्दी प्रयोग की जा सकने वाली विधि नहीं होती है।
(a) सही (b) गलत

69. SQUARE प्रोसिजर को चलाने के लिए आपको SQUARE टाइप नही करना चाहिए।
(a) सही (b) गलत

70. प्रोसिज़र को समाप्त करने के लिए निम्नलिखित कमांड को टाइप करके OK का बटन नही दबाना चाहिए।
(a) सही (b) गलत

71. 1 Kilobyte (KB) = 1024 bytes
(a) सही (b) गलत

72. कप्यूटर की इकाई को मुख्य रूप से किलोबाइट मेगाबाइट, गीगाबाइट से मापा जाता है।
(a) सही (b) गलत

73. आजकल के नए कप्यूटरों में 32-बिट शब्द-सीमा को प्रयोग करने की क्षमता है।
(a) सही (b) गलत

74. डिजिट की कुल संख्या एक प्रणाली पर मान्य होती है, वह उसकी 'रेडिक्स' या 'बेस' नही कहलाती है।
(a) सही (b) गलत

75. "वजन" अर्थात् वह स्थिति जो दी गई डिजिट का मूल्य निश्चित करती है।
(a) सही (b) गलत

76. मौसम की भविष्यवाणी करने में भी कप्यूटर उपयोगी नहीं है।
(a) सही (b) गलत

77. LABEL प्रिमिटिव का कार्य टर्टल की नाक की दिशा में ड्राइंग एरिया के अक्षरों, संख्याओं, शब्दों और वाक्यों को प्रिंट नहीं करता है।
(a) सही (b) गलत

78. टर्टल 360 डिग्री पर भी घूमता है।
(a) सही (b) गलत

79. कम्प्यूटर में प्रत्येक प्राथमिक रंग के 330 शेड्स होते हैं।
(a) सही (b) गलत

80. यदि आप NEW कमांड देते हैं, तो कम्प्यूटर उन सभी कमांड और प्रोग्रामों को समाप्त कर देगा।
(a) सही (b) गलत

81. DIRECT MODE प्रोग्राम के किसी कमांड को चलाने के लिए आपको RUN कमांड देने की आवश्यकता होती है।
(a) सही (b) गलत

82. RUN कमांड देने पर कम्प्यूटर की स्क्रीन साफ हो जाती है।
(a) सही (b) गलत

83. दो उद्धरण चिह्नों के बीच की कोई भी चीज स्ट्रिंग कांसटेंट है।
(a) सही (b) गलत

84. वेरिएबल वर्णों में लगातार परिवर्तन होता रहता है और इनको एक निश्चित मूल्य नहीं दिया जा सकता है।
(a) सही (b) गलत

85. इनडायरेक्ट मोड में आप एक से ज्यादा दिशा-निर्देश नहीं दे सकते हैं।
(a) सही (b) गलत

86. ट्रेक बॉल कम्प्यूटर में ताप नोट करने के काम आती है।
(a) सही (b) गलत

87. डेल 'की' का प्रयोग कर्सर की स्थिति पर होने वाले अक्षर को बनाये रखने के लिए किया जाता है।
(a) सही (b) गलत

88. फ्लॉपी के डिस्क का डाटा असावधानी से प्रयोग करने से नष्ट हो सकता है इसे बचाने के लिए इसे नमी व धूप से बचाना चाहिए।
(a) सही (b) गलत

89. हार्ड डिस्क की स्टोर क्षमता को (MB) तथा (GB) में मापा नहीं जाता है।
(a) सही (b) गलत

90. DOS से स्वंय कराये जाने वाला कार्य डिस्क में संग्रहित फाइलों की सूची प्राप्त करना है।
(a) सही (b) गलत

91. COMMAND.COM फाइल यूजर का कम्प्यूटर से सम्पर्क स्थापित कराती है।
(a) सही (b) गलत

92. CLS, DATE, TIME, DIR इण्टरनल कमाण्ड के प्रकार नहीं हैं।
(a) सही (b) गलत

93. MD कमाण्ड का अर्थ है माइक्रो डायरेक्टरी।
(a) सही (b) गलत

94. 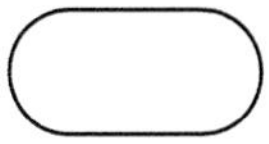 यह अंडाकार आकृति फ्लोचार्ट का आरम्भ या अन्त प्रदर्शित करता है।
(a) सही (b) गलत

95. LOGO कम्प्यूटर भाषा स्क्रीन पर मनोरंजक रेखाचित्र बनाने के लिए प्रयुक्त होती है।
(a) सही (b) गलत

96. LT 45° टर्टल को 47 डिग्री के कोण पर दायीं ओर मोड़ता है।
(a) सही (b) गलत

97. फ्रांस के गणितज्ञ ब्लेज पास्कल ने अबेकस का आविष्कार नहीं किया था।
(a) सही (b) गलत

98. बोल्ड, इटैलिक, अंडरलाइन, शैडो का प्रयोग करके टेक्स्ट के स्टाइल को नहीं बदला जा सकता है।
(a) सही (b) गलत

99. एनिएक का पूरा नाम इलेक्ट्रॉनिक न्यूमेरिकल इंटीग्रेटर एण्ड कैलकुलेटर है।
(a) सही (b) गलत

100. बैच प्रोसेसिंग एक चक्र के रूप में होती है।
(a) सही (b) गलत

उत्तरमाला

1. (b)	2. (a)	3. (d)	4. (c)	5. (a)	6. (c)	7. (a)	8. (b)	9. (b)	10. (c)
11. (a)	12. (c)	13. (b)	14. (c)	15. (a)	16. (b)	17. (a)	18. (c)	19. (d)	20. (d)
21. (a)	22. (c)	23. (b)	24. (d)	25. (a)	26. (c)	27. (d)	28. (c)	29. (b)	30. (a)
31. (d)	32. (c)	33. (d)	34. (d)	35. (d)	36. (c)	37. (b)	38. (d)	39. (c)	40. (d)
41. (a)	42. (a)	43. (c)	44. (a)	45. (a)	46. (a)	47. (c)	48. (d)	49. (c)	50. (b)
51. (a)	52. (b)	53. (b)	54. (b)	55. (a)	56. (a)	57. (b)	58. (a)	59. (a)	60. (b)
61. (b)	62. (a)	63. (a)	64. (b)	65. (b)	66. (b)	67. (a)	68. (b)	69. (b)	70. (b)
71. (a)	72. (a)	73. (a)	74. (b)	75. (a)	76. (b)	77. (b)	78. (a)	79. (b)	80. (a)
81. (b)	82. (b)	83. (a)	84. (b)	85. (b)	86. (b)	87. (b)	88. (a)	89. (b)	90. (b)
91. (a)	92. (b)	93. (b)	94. (a)	95. (a)	96. (b)	97. (b)	98. (b)	99. (a)	100. (b)

प्रैक्टिस टेस्ट पेपर-V

1. **निम्नलिखित में से कौन-सी प्रणाली कोडिंग प्रणाली है:**
   (a) BCDS (b) ASCII
   (c) UNI (d) सभी
2. **निम्न में से कौन-सा भाग कम्प्यूटर का मुख्य भाग है:**
   (a) मदरबोर्ड (b) माइक्रोप्रोसेसर
   (c) मुख्य मेमोरी (d) सभी
3. **निम्न में से कौन-सी मेमोरी स्थिर प्रकृति की होती है:**
   (a) ROM (रोम) (b) RAM (रैम)
   (c) मुख्य मेमोरी (d) इनमें से कोई नहीं
4. **निम्न में से किसमें डाटा को अस्थायी रूप से संग्रहीत किया जा सकता है:**
   (a) रैम (b) रजिस्टर
   (c) कैश मेमोरी (d) इनमें से कोई नहीं
5. **.......... क्लिक करके कम्प्यूटर को कमांड दिया जाता है:**
   (a) की-बोर्ड (b) मॉनीटर
   (c) माउस (d) प्रिंटर
6. **आकार एवं क्षमता के आधार पर कम्प्यूटरों को कितने वर्गों में विभाजित किया जाता है:**
   (a) 4 (b) 5
   (c) 6 (d) 7
7. **............ की संग्रहण क्षमता सबसे कम होती है:**
   (a) सुपर कम्प्यूटर (b) मेनफ्रेम कम्प्यूटर
   (c) मिनी कम्प्यूटर (d) माइक्रो कम्प्यूटर
8. **'डॉस' और 'विंडोज़' किसके प्रकार हैं:**
   (a) हार्डवेयर (b) सॉफ्टवेयर
   (c) वायरस (d) इनमें से कोई नहीं
9. **प्रोग्रामिंग लैंग्वेज किसका समूह होता है:**
   (a) वर्ड्स (b) सिंबल
   (c) कोड्स (d) उपर्युक्त सभी
10. **.......... से टेक्स्ट को मूव और कॉपी कर सकते हैं:**
   (a) मूव टेक्स्ट (b) कॉपी टेक्स्ट
   (c) दोनों (d) इनमें से कोई नहीं
11. **अंतिम परिवर्तनों को हटाने या बदलने के लिए .... का प्रयोग होता है:**
   (a) फाइंड एण्ड रिप्लेस (b) अनडू
   (c) रीडू (d) कैंसल
12. **प्राय: प्रयोग किए जाने वाले टेक्स्ट स्टोर करने के लिए .... का प्रयोग होता है:**
   (a) इन्सर्ट (b) डेट व टाइम
   (c) ऑटो टेक्स्ट (d) इनमें से कोई नहीं
13. **पेज ब्रेक का प्रयोग किसके लिए किया जाता है:**
   (a) बॉर्डर डालने (b) चित्र डालने
   (c) नया पृष्ठ प्रारंभ करने (d) फुटर डालने
14. **......... एक सिंगल यूज़र ऑपरेटिंग सिस्टम है:**
   (a) विंडोज़ 2007 (b) DOS
   (c) विंडोज़ 2010 (d) इनमें से कोई नहीं
15. **ऑपरेटिंग सिस्टम किसको नियंत्रित करता है:**
   (a) मेमोरी
   (b) प्रोसेसर
   (c) इनपुट/आउटपुट डिवाइस
   (d) उपर्युक्त सभी
16. **विंडोज़ XP/विडोज़ 7 में 'हाइबरनेट' का अर्थ है:**
   (a) सेफ मोड में कम्प्यूटर पुनः प्रारंभ करना
   (b) हाइबरनेट मोड में कम्प्यूटर पुनः प्रारंभ करना
   (c) सभी एप्लीकेशन बंद करके कम्प्यूटर शटडाउन (बंद) करना
   (d) सभी सक्रिय एप्लीकेशन बंद किए बिना कम्प्यूटर शटडाउन करना

17. कम्प्यूटर की पहली लैंग्वेज है-

(a) कोबोल (b) बेसिक

(c) एलगोल (d) फोरट्रोन

18. एक बाइट में .... बिट होते हैं:

(a) चार (b) आठ

(c) सोलह (d) बत्तीस

19. जानबूझ कर कम्प्यूटर को खराब करने या उसमें त्रुटि पैदा करने का अर्थ है:

(a) बगिंग (b) डीबगिंग

(c) हैकिंग (d) त्रुटि उत्पन्न होना

20. हाई लेवल लैंग्वेज C का आविष्कार किसने किया:

(a) ब्यूमैन (b) पास्कल

(c) डैनिस स्वि़ी (d) डोनाल्ड बुथ

21. IBM है:

(a) इंटरनेशनल बिजनेस मैनेजमैंट

(b) इंटरनेशनल बिजनेस मशीन

(c) इंडियन बिजनेस मशीन

(d) इडियन बिजनेस मॉडल

22. एक इनपुट डिवाइस नहीं है:

(a) स्कैनर (b) जॉयस्टिक

(c) माउस (d) स्पीकर

23. ऑप्टिकल कैरेक्टर रीडर है:

(a) इनपुट डिवाइस (b) आउटपुट डिवाइस

(c) सॉफ्टवेयर (d) स्कैनर

24. मैक्रो मीडिया नामक कंपनी किससे सम्बद्ध है:

(a) सेवा (b) हार्डवेयर

(c) सॉफ्टवेयर (d) इनमें से कोई नहीं

25. कम्प्यूटर की कौन-सी लैंग्वेज समझता और क्रियान्वित करता है:

(a) सिस्टम सॉफ्टवेयर (b) मशीन लैंग्वेज

(c) हाई लेवल लैंग्विज (d) लो लेवल लैंग्वेज

26. कम्प्यूटर प्रोग्राम या सिस्टम से त्रुटि समाप्त होने को .... कहते हैं।

(a) कंपाइल (b) इंटरप्रेट

(c) डीबग (d) डीएसएस

27. सीडी किस प्रकार का डेटा स्टोरेज है:

(a) ऑप्टिकल (b) इलैक्ट्रिकल

(c) मैकैनिकल (d) मैगनैटिक

28. कम्प्यूटर .... में डेटा को जोड़ता और उसकी तुलना करता है:

(a) मेमोरी चिप (b) फ्लॉपी

(c) सीपीयू (d) हार्ड डिस्क

29. 1 किलो बाइट =

(a) 100 बाइट (b) 1024 बाइट

(c) 1023 बाइट (d) 1024 GB

30. सुपर कम्प्यूटर PACE किसने बनाया था-

(a) BARC, मुंबई (b) III, मुंबई

(c) II, बैंगलौर (d) NAI, बैंगलौर

31. विश्व का पहला इलैक्ट्रॉन डिजिटल कम्प्यूटर है:

(a) EDSAC (b) EDVAS

(c) UNIVAC (d) ENIAC

32. भारत में पहला कम्प्यूटर किसके द्वारा बनाया गया-

(a) परम (b) सिद्धार्थ

(c) गौतम (d) आर्यभट्ट

33. .... हाई लेवल लैंग्वेज को मशीन लैंग्वेज में बदलता है:

(a) एसेंबल (b) इंटरप्रेटर

(c) कंपाइलर (d) यूटिलिटी सॉफ्टवेयर

34. BIOS है-

(a) बेसिक इनपुट आउटपुट सोर्स

(b) बेसिक इनफ़ॉर्मेशन आउटपुट सोर्स

(c) बेसिक इनपुट आउटपुट सिस्टम

(d) बेसिक इनफ़ॉर्मेशन आउटपुट सिस्टम

35. निम्न में से कौन एक नेटवर्किंग डिवाइस है:

(a) गेटवे (b) लिनैक्स

(c) रूटर (d) फायरवॉल्स

36. कुल पृष्ठों की संख्या कहाँ प्रदर्शित होती है:

(a) स्टेटस बार (b) टूल बार

(c) मेनू बार (d) रूलर बार

37. माउस से किस प्रकार टेक्स्ट सेलेक्ट किया जा सकता है:

(a) क्लिक और ड्रैग

(b) क्लिक और shift क्लिक

(c) 'a' और 'b' दोनों

(d) इनमें से कोई नहीं

38. Cut, Copy और Paste कहाँ स्थित होता है?

(a) फाइल (b) एडिट

(c) फॉरमेट (d) इनमें से कोई नहीं

39. Ctrl + B से क्या होता है?

(a) सलेक्ट किए गए टेक्स्ट को समान फॉन्ट में बड़े आकार में बदल देता है

(b) लाइन ब्रेक करता है

(c) सलेक्ट किए गए टेक्स्ट को बोल्ड करता है

(d) टेक्स्ट को इटैलिक करता है

40. File मेनू खोलने का आसान तरीका है:

(a) Ctrl + F (b) Shift + F

(c) Alt + F (d) Tab + F

41. वर्ड डॉक्यूमेंट का एक्सटेंशन है-

(a) .DOC (b) .Text

(c) .Exe (d) .Jpeg

42. वर्ड का टाइटल बार (शीर्षक बार) क्या प्रदर्शित करता है?

(a) एप्लीकेशन और फ़ाइल का नाम

(b) एप्लीकेशन का नाम

(c) फ़ाइल का नाम

(d) इनमें से कोई नहीं

43. डेटाबेस तैयार करने के लिए एक्सेस में कितने तरीके हैं?

(a) तीन (b) एक

(c) चार (d) दो

44. पैराग्राफ, डॉक्यूमेंट (दस्तावेज़) के सामान्य मार्जिन से जितनी ज़्यादा या कम जगह छोड़ता है उसे .... कहते हैं।

(a) इंडेंट (b) स्पेसिंग

(c) रूलर (d) इनमें से कोई नहीं

45. निम्न में से कौन-सा उदाहरण एप्लीकेशन नहीं है:

(a) वर्ड (b) स्क्रीन सेवर

(c) ऑपरेटिंग सिस्टम (d) एंटीवायरस

46. CD-ROM क्या है?

(a) कॉम्पैटैबल रीड ओनली मैमोरी

(b) कॉम्पैक्ट डेटा रीड ओनली मैमोरी

(c) कॉम्पैक्ट डिस्क रीड ओनली मैमोरी

(d) इनमें से कोई नहीं

47. वह पावर पॉइंट व्यू जो केवल टेक्स्ट प्रदर्शित करता है।

(a) स्लाइड शो (b) नोट्स पेजिज़ व्यू

(c) स्लाइड शो व्यू (d) आउटलाइन व्यू

48. डायरेक्टरी के संदर्भ में निम्न में से कौन-से कथन गलत है?

(a) डायरेक्टरी को डायरेक्टरी के अंदर रखा जा सकता है

(b) डायेक्टरी फाइल सहित डीलीट की जा सकती है

(c) डायरेक्टरी पुनर्निर्मित नहीं की जा सकती है

(d) इनमें से कोई नहीं

49. विंडोज़ क्या है।

(a) विंडो बनाने का प्रोग्राम

(b) एक ऑपरेटिंग सिस्टम

(c) एप्लीकेशन

(d) एक खेल

50. पेजमेकर में गाइड लाइनों के साथ पेज पर डिज़ाइन का फ्रेम बनाने के लिए......... का प्रयोग किया जाता है।

(a) गाइड्स (b) रूलर

(c) लेयर पैलेट (d) इनमें से कोई नहीं

सही और गलत

51. एक प्रजेन्टेशन में सामान्यतः एक ही स्लाइड होती है।

(a) सही (b) गलत

52. माइक्रोसॉफ्ट ने विन्डो 7 लॉन्च किया है, जो नवीनतम विन्डो ऑपरेटिंग सिस्टम है।

(a) सही (b) गलत

53. वर्ड के सामान्य व्यू में हेडर प्रदर्शित नहीं होता है।

(a) सही (b) गलत

54. एनीमेशन का अर्थ है तस्वीरों या चित्रों को तकनीकों के माध्यम से सजीवता प्रदान करना।

(a) सही (b) गलत

55. सभी वर्ड डॉक्यूमेंट्स का डिफॉल्ट फाइल एक्सटेंशन .doc है।

(a) सही (b) गलत

56. प्रिंट प्रिव्यू डॉक्यूमेंट को संपादित करने का अवसर नहीं देता है।

(a) सही (b) गलत

57. सीपीयू और मेमोरी मदरबोर्ड में प्रस्तुत होती है।

(a) सही (b) गलत

58. एरिथमैटिक लॉजिक यूनिट और कंट्रोल यूनिट CPU में प्रस्तुत होती हैं।

(a) सही (b) गलत

59. 'पेरॉल' एक प्रकार का एप्लीकेशन सॉफ्टवेयर है।

(a) सही (b) गलत

60. सभी फाइलों को वर्तमान डायरेक्टरी में सूचीबद्ध करने की कमांड DIR है।

(a) सही (b) गलत

61. विन्डो 7, माइक्रोसॉफ्ट विंडोज़ का नवीनतम संस्करण है।

(a) सही (b) गलत

62. विंडोज़ एक्सप्लोलर के ज़रिए फ़ाइलों को नया नाम दे सकते है।

(a) सही (b) गलत

63. इंटरनेट को नेट भी कहा जाता है।

(a) सही (b) गलत

64. आई. एस. डी. एन का अर्थ है 'इंटीग्रेटेड सर्विस डिजिटल नेटवर्क'।

(a) सही (b) गलत

65. एडी. एस. एल. का अर्थ है एसिमिट्रिक डूअल नेटवर्क लाइन।

(a) सही (b) गलत

66. आप एक्सेल 2007 के साथ एक्सेल 2003 की वर्कबुक खोल सकते हैं।

(a) सही (b) गलत

67. आधुनिक फ़िल्मों में सामान्यतः सीजीआई प्रोग्राम से एनीमेशन प्रभाव डाले जाते हैं।

(a) सही (b) गलत

68. बाइनरी लैंग्वेज में 0 और 1 होता है।

(a) सही (b) गलत

69. डेटाबेस मैनेजमेंट सिस्टम आपकी वेब पृष्ठ बनाने में सहायता करता है।

(a) सही (b) गलत

70. कम्प्यूटर सिस्टम में डेटा डालने के लिए उपयोग की गई डिवाइस को आउटपुट डिवाइस कहते हैं।

(a) सही (b) गलत

71. सुपर कम्प्यूटर सबसे तेज़ और सबसे मँहगे होते हैं।

(a) सही (b) गलत

72. Shift + A पूरा डॉक्यूमेंट सेलेक्ट करता है।

(a) सही (b) गलत

73. पिक्सेल, प्रति इंच बिंदुओं की संख्या होती है।

(a) सही (b) गलत

74. कम्प्यूटर से संबंधित अधिकतर त्रुटियाँ गलत तरीके से डेटा तैयार करने के कारण होती हैं।

(a) सही (b) गलत

75. इंटरनेट या वेब में इलैक्ट्रॉनिक डॉक्यूमेंट्स का एक विश्वव्यापी संग्रह होता हैं।

(a) सही (b) गलत

76. एक वेब साइट कई वेब पृष्ठों का संग्रह होती है।

(a) सही (b) गलत

77. शब्द 'सॉफ्टवेयर' और 'सॉफ्ट कॉपी' दोनों अस्थायी आउटपुट की ही व्याख्या करते हैं।

(a) सही (b) गलत

78. बार कोड स्कैनर का प्रयोग किसी कागज़ पर मौजूद चित्रों, फोटो और टेक्स्ट लेने में होता है।

(a) सही (b) गलत

79. ट्रबलशूट, हार्डवेयर में आई दिक्कत के कारणों को जानने और दिक्कत को पहचानने में मदद करता है।

(a) सही (b) गलत

80. अधिकतर कम्प्यूटर घटकों को ऑपरेट करने के लिए सॉफ्टवेयर की ज़रूरत होती है।

(a) सही (b) गलत

81. ऑपरेटिंग सिस्टम हार्डवेयर और यूज़र (उपयोगकर्ता) के बीच एक अंतरपृष्ठ (Interface) होता है।

(a) सही (b) गलत

82. XCOPY कमांड COPY कमांड के समान होती है परंतु धीमी होती है।

(a) सही (b) गलत

83. TREE कमांड वर्तमान डायरेक्टरी के नीचे संपूर्ण डायरेक्ट्री ट्री संरचना प्रदर्शित करती है।

(a) सही (b) गलत

84. कई कमांड एक साथ स्वचालित रूप से देने के लिए बैच फ़ाइल का उपयोग होता है।

(a) सही (b) गलत

85. DOS पर सभी बैच फ़ाइलों के लिए .BAT नामक फ़ाइल एक्सटेंशन होना चाहिए।

(a) सही (b) गलत

86. DOS के सर्वाधिक प्रयोग होने वाले दो संस्करण PC-DOS और MS-DOS हैं।

(a) सही (b) गलत

87. Window 7, Windows Vista के बाद आया है।

(a) सही (b) गलत

88. किसी प्रोग्राम को इंस्टॉल करने के लिए प्रोडक्ट की या सीरियल नंबर की आवश्यकता होती है।

(a) सही (b) गलत

89. किसी वर्ड डॉक्यूमेंट को PDF या XPS फॉर्मेट में भी सहेजा जा सकता है।

(a) सही (b) गलत

90. कम्प्यूटर का प्रयोग करने वाले को यूज़र यानी उपयोगकर्ता कहा जाता है।

(a) सही (b) गलत

91. इंटेल ने 1999 को Pentium III प्रोसेसर उतारा था।

(a) सही (b) गलत

92. माइक्रोकम्प्यूटर में एक चिप पर सी. पी. यू होता है।

(a) सही (b) गलत

93. UNIX और Windows NT, ऑपरेटिंग सिस्टम के उदाहरण हैं।

(a) सही (b) गलत

94. सर्वाधिक प्रयोग में आने वाले ऑपरेटिंग सिस्टम हैं माइक्रोसॉफ्ट विंडो और Macintosh Apple.

(a) सही (b) गलत

95. कम्प्यूटर को प्रारंभ या पुन प्रारंभ करने की प्रक्रिया बूटिंग कहलाती है।

(a) सही (b) गलत

96. दो प्रकार के सिस्टम सॉफ्टवेयर हैं ऑपरेटिंग सिस्टम और एक यूटिलिटी प्रोग्राम।

(a) सही (b) गलत

97. पावर पॉइंट 2003 के तीन व्यू हैं।

(a) सही (b) गलत

98. F7 का प्रयोग वर्तनी जाँच के लिए किया जाता है।

(a) सही (b) गलत

99. एक माइक्रोसेकंड, नैनोसैकैंड से 1000 गुनाह बड़ा होता है।

(a) सही (b) गलत

100. DSL धीमे कनेक्शन का उदाहरण है।

(a) सही (b) गलत

उत्तरमाला

1. (d)	**2.** (d)	**3.** (a)	**4.** (b)	**5.** (c)	**6.** (a)	**7.** (d)	**8.** (b)	**9.** (d)	**10.** (c)
11. (b)	**12.** (c)	**13.** (c)	**14.** (b)	**15.** (d)	**16.** (d)	**17.** (d)	**18.** (d)	**19.** (b)	**20.** (c)
21. (b)	**22.** (d)	**23.** (a)	**24.** (c)	**25.** (b)	**26.** (c)	**27.** (d)	**28.** (c)	**29.** (b)	**30.** (a)
31. (d)	**32.** (b)	**33.** (b)	**34.** (c)	**35.** (b)	**36.** (a)	**37.** (c)	**38.** (b)	**39.** (c)	**40.** (c)
41. (a)	**42.** (a)	**43.** (d)	**44.** (a)	**45.** (a)	**46.** (c)	**47.** (d)	**48.** (c)	**49.** (b)	**50.** (b)
51. (b)	**52.** (b)	**53.** (a)	**54.** (a)	**55.** (a)	**56.** (a)	**57.** (b)	**58.** (a)	**59.** (a)	**60.** (a)
61. (b)	**62.** (a)	**63.** (a)	**64.** (a)	**65.** (a)	**66.** (a)	**67.** (a)	**68.** (a)	**69.** (b)	**70.** (c)
71. (b)	**72.** (d)	**73.** (a)	**74.** (c)	**75.** (b)	**76.** (c)	**77.** (d)	**78.** (c)	**79.** (b)	**80.** (a)
81. (d)	**82.** (b)	**83.** (b)	**84.** (c)	**85.** (b)	**86.** (a)	**87.** (c)	**88.** (b)	**89.** (c)	**90.** (c)
91. (a)	**92.** (a)	**93.** (d)	**94.** (a)	**95.** (a)	**96.** (c)	**97.** (d)	**98.** (c)	**99.** (b)	**100.** (b)

प्रैक्टिस टेस्ट पेपर-VI

1. **DNS क्या है?**
   (a) डायनामिक नेम सिस्टम
   (b) डायनामिक नेटवर्क सिस्टम
   (c) डोमेन नेम सिस्टम
   (d) डोमेन नेटवर्क सर्विस
2. **रैम और 'रोम' किसके प्रकार हैं।**
   (a) इनपुट डिवइस
   (b) आउटपुट डिवाइस
   (c) प्रोसेसर
   (d) मैमोरी
3. **नोटबुक, नोटबुक कम्प्यूटर से .... है।**
   (a) छोटी (b) भारी
   (c) हल्की (d) 'a' और 'c' दोनों
4. **कम्प्यूटर के भाग हैं-**
   (a) कीबोर्ड (b) माउस
   (c) सीपीयू (d) उपर्युक्त सभी
5. **अव्यवस्थित तथ्यों और चित्रों का संकलन .... होता है।**
   (a) इनपुट (b) आउटपुट
   (c) डेटा (d) मेमोरी
6. **कम्प्यूटर प्रोग्रामों का संग्रह और उसके लिए दिशा-निर्देशों के संकलन को ...... कहा जाता है।**
   (a) हार्डवेयर (b) उपयोगकर्ता
   (c) सॉफ्टवेयर (d) डेटा
7. **........ ने 1993 को मोसैक नामक ग्राफिकल वेब ब्राउज़र बनाया था।**
   (a) बिल गेट्स (b) मार्क एंड्रीसन
   (c) स्टीव जॉब्स (d) ह्यूलैट-पैकर्ड
8. **Intel ने .... में core 2 Duo Series (माइक्रोप्रोसेसर) उतारी:**
   (a) 2005 (b) 2007
   (c) 2006 (d) 2002
9. **....... में विभिन्न प्रकार की चिप होती है।**
   (a) मैमोरी (b) स्मार्ट फ़ोन
   (c) मदरबोर्ड (d) इनमें से कोई नहीं
10. **निजी कम्प्यूटर (PC) की दो लोकप्रिय सीरीज़ कौन-सी है?**
   (a) Microsoft और IBM
   (b) HP और Apple Macintosh
   (c) Dell और HP
   (d) IBM और Apple Macintosh
11. **कम्प्यूटर की कितनी पीढ़ियाँ (जेनरेशन) आ चुकी हैं।**
   (a) 4 (b) 5
   (c) 2 (d) 3
12. **मेनफ्रेम या सुपर कम्प्यूटर का प्रयोग करने के लिए उपयोगकर्ता प्रायः .... प्रयोग करते है:**
   (a) नोड (b) डेस्कटॉप
   (c) टर्मिनल (d) इनमें से कोई नहीं
13. **निम्न में से कौन-सा कथन सही है?**
   (a) रैम और रोम दोनों चंचल होती है
   (b) रैम और रोम चंचल नहीं होती है
   (c) रैम चंचल होती है
   (d) रोम चंचल होती है
14. **ADSL क्या है:**
   (a) एसिमिट्रिक डूअल सिस्टम लाइन
   (b) एसिमिट्रिक डूअल सब्सक्राइबर लाइन
   (c) एसिमिट्रिक डिजिटल सिस्टम लाइन
   (d) एसिमिट्रिक डिजिटल सब्सक्राबर लाइन
15. **पहला लैन (लोकल एरिया नेटवर्क) किसके द्वारा बनाया गया:**
   (a) जॉन ब्रैकर (b) राम्बर्ट मैटकाफ
   (c) डॉ टेड हॉफ (d) स्टीव जॉब्स

16. इंटरनेट कनेक्शन के लिए .... डिवाइस की आवश्यकता होती है।

(a) मॉडम (b) एनआईसी कार्ड

(c) सीडी ड्राइव (d) जॉयस्टिक

17. निम्न में से कौन-सा सॉफ्टवेयर कंपनियों के वित्तीय लेन-देन को रिकार्ड करने और रिपोर्ट करने में प्रयुक्त होती है?

(a) प्रजेंटेशन ग्राफिक सॉफ्टवेयर

(b) डेटाबेस सॉफ्टवेयर

(c) अकाउंटिंग सॉफ्टवेयर

(d) स्प्रैडशीट सॉफ्टवेयर

18. निम्न में से कौन-सी डेटा या दिशा-निर्देश होता है जिसे हम कम्प्यूटर की मैमोरी में डालते हैं?

(a) आउटपुट (b) स्टोरेज

(c) इनपुट (d) उपरोक्त सभी

19. F8 की दो बार दबाने से चयनित होता है-

(a) एक शब्द (b) एक परिच्छेद

(c) एक वाक्य (d) सम्पूर्ण डॉक्यूमेंट

20. एक डेस्कटॉप कम्प्यूटर के कीबोर्ड में सामान्यतः कितनी 'की' होती हैं?

(a) 99–101 (b) 101–105

(c) 50–60 (d) इनमें से कोई नहीं

21. मैमोरी किससे बनती है?

(a) सर्किट (b) चिप

(c) तार (d) बहुत सारे सेल

22. एकीकृत सर्किट (इंटीग्रटिड सर्किट) का आविष्कार किसने किया था?

(a) जैक किलबाइ (b) बिल गेट्स

(c) सीमन कोसॉकेन (d) हर्मन होलेरिथ

23. आधुनिक कम्प्यूटर का जनक किसे कहा जाता है?

(a) हर्मन होलेरिथ (b) चार्ल्स बैबेज

(c) हॉवर्ड एकीन (d) एटनॉसॉफ

24. निम्न में से कौन-सी डिवाइस एक नेटवर्क पर साझा नहीं की जा सकती?

(a) हार्ड डिस्क (b) माउस

(c) प्रिंटर (d) सीडी ड्राइव

25. पहला यंत्रवत कैलकुलेटर किसने बनाया था?

(a) हॉवर्ड आइकैन (b) ब्लेज पासकल

(c) जॉन मॉकली (d) जोसफ मैटी

26. निम्न में से कौन-सा फ़ीचर एक उपयोगकर्ता को उसके हार्डवेयर की जानकारी देता है?

(a) माय कम्प्यूटर (b) स्टार्ट

(c) ऑल प्रोग्राम (d) कंट्रोल पैनल

27. इनमें से कम्प्यूटर वायरस है-

(a) मेलिसा (b) माइकल एन्जलो

(c) मैकमग (d) उपर्युक्त सभी

28. निम्न में से कौन-सी डिवाइस डेटा का बैकअप सहेजती हैं?

(a) फ्लॉपी डिस्क (b) टेप

(c) नेटवर्क ड्राइव (d) उपर्युक्त सभी

29. निम्न में से कौन-सा सॉफ्टवेयर का प्रकार एंटी-वायरस सॉफ्टवेयर है?

(a) सिस्टम सॉफ्टवेयर (b) यूटिलिटी सॉफ्टवेयर

(c) एप्लीकेशन सॉफ्टवेयर (d) ऑपरेटिंग सिस्टम

30. तीसरी पीढ़ी के कम्प्यूटर किससे बने थे?

(a) वैक्यूम ट्यूब (b) बायो चिप

(c) डिस्क्रीट कंपोनेंट (d) इंटीग्रेटिड सर्किट

31. निम्न में से कौन-सा सॉफ्टवेयर एक एंटी-वायरस सॉफ्टवेयर नहीं है?

(a) मैक ऐफी (b) एफ-प्रोट

(c) एनएवी (d) औरेकल

32. विंडो के पहले बार को क्या कहा जाता है?

(a) आइकन बार (b) टूलबार

(c) टाइटल बार (d) इनमें से कोई नहीं

33. डेस्कटॉप का बैकग्राउंड कैसे परिवर्तित किया जा सकता है?

(a) Start < Settings < Control Panel < Display

(b) Accessories < Display < Settings

(c) Start < Programmes < Contro Panel

(d) My computer < Control Panel < Settings

34. जब आप किसी आइकन पर दायाँ-क्लिक करते हैं तो .... प्रकट होता है:

(a) एड्रैस बार (b) शॉर्टकट मेनू

(c) स्क्रॉल बार (d) हेल्प मेनू

35. वर्ड में दस्तावेज़ के कितने व्यू उपलब्ध होते हैं।

(a) पाँच (b) चार

(c) दो (d) छः

36. .... वर्ड 2010 का मुख्य टैब है।

(a) रिबकन टैब (b) फ़ाइल टैब

(c) रिबन (d) इनमें से कोई नहीं

37. आप वर्ड एप्लीकेशन को किस प्रकार बंद नहीं कर सकते?

(a) फ़ाइल मेनू चुन कर और उप-मेनू से बाहर आकर

(b) Alt + F4 दबाकर

(c) फ़ाइल मेनू से क्लोज़ उपमेनू दबाकर

(d) टाइटल बार से × बटन दबाकर

38. F8 को तीन बाद दबाने से किसका चयन होता है?

(a) एक शब्द (b) एक वाक्य

(c) एक अनुच्छेद (d) पूरा दस्तावेज़

39. आप किस शॉर्टकट से कॉपीराइट चिह्न बना सकते हैं?

(a) Alt + Ctrl + C (b) Alt + C

(c) Ctrl + C (d) Ctrl + Shift + C

40. .... कम्प्यूटर को खराब करने वाला एक प्रोग्राम है जो फ़ाइलों के लिए खतरनाक हो सकता है:

(a) वायरस (b) ओरेकल

(c) सभी (d) इनमें से कोई नहीं

41. WWW का संस्थापक:—

(a) बिल गेट्स (b) टिमोथी बिल

(c) टिंबट् नरूसली (d) एन. रसल

42. आप हेडर और फुटर किस मेनू से डाल सकते हैं?

(a) Insert (b) View

(c) Format (d) Tools

43. टेक्स्ट को समाचार पत्र के स्वरूप में प्रदर्शित करने के लिए क्या प्रयोग करना पड़ेगा?

(a) Rows (b) Columns

(c) Tab (d) Table

44. एक्सल के सभी फॉर्मूला .... से प्रारंभ होते हैं।

(a) % (b) +

(c) = (d) –

45. दो सेल (Al + A2) को एक जोड़ने के लिए किस फॉर्मूले का प्रयोग होता है?

(a) = A1 + A2 (b) = Add

(c) = Together (d) A1 plus A2

46. आप एक सेल को कैसे सक्रिय कर सकते हैं?

(a) टैब दबाकर (b) सेल पर क्लिक करके

(c) एक ऐरो की दबाकर (d) उपर्युक्त सभी

47. MS Power Point में अधिकतम जूम प्रतिशत है:

(a) 100 % (b) 200 %

(c) 400 % (d) 500 %

48. FAT क्या है?

(a) File Accomodation Table

(b) File Access Table

(c) File Allocation Table

(d) File Activity Table

49. फ़ाइल का नाम बदलने के लिए कौन-सी कमांड का प्रयोग होता है?

(a) Ren (b) Rename

(c) Md (d) (a) और (b) दोनों

50. फॉर्मेट कमांड का प्रयोग किसलिए किया जाता हैं?

(a) डिस्क खाली करने के लिए

(b) एक प्रयोग की गई डिस्क को एक नई खाली डिस्क बनाने के लिए

(c) (a) और (b) दोनों

(d) इनमें से कोई नहीं

सही और गलत

51. माउस एक पॉइटिंग डिवाइस है।

(a) सही (b) गलत

52. MS-EXCEL में # REF! त्रुटि तब आती है जब फॉर्मूला गलत से संबधित हो।
(a) सही (b) गलत

53. प्रिंटर, इनपुट डिवाइस का उदाहरण है।
(a) सही (b) गलत

54. विश्व का सबसे तेज कम्प्यूटर जे-8 है।
(a) सही (b) गलत

55. बाइनरी डिजिट '1' और '2' है।
(a) सही (b) गलत

56. MS Windows में माउस के बिना काम नहीं किया जा सकता।
(a) सही (b) गलत

57. एक्सेस प्रारंभ करने के लिए विंडो रन करनी होती है।
(a) सही (b) गलत

58. डेटाबेस टूलबार एक्सेस का तीसरा बार है।
(a) सही (b) गलत

59. Linux एप्लीकेशन सॉफ्टवेयर का एक प्रकार है।
(a) सही (b) गलत

60. ऑपरेटिंग सिस्टम, हार्डवेयर और उपयोगकर्ता के बीच एक इंटरफ़ेस है।
(a) सही (b) गलत

61. फ़ाइल नाम के दो भाग होते हैं।
(a) सही (b) गलत

62. माउस का बायाँ बटन शॉर्टकट मेनू दर्शाता है।
(a) सही (b) गलत

63. आइकन, टेक्स्ट होते है।
(a) सही (b) गलत

64. डिजिटल कम्प्यूटर का प्रयोग अंकगणितीय गणनाएँ करने के लिए किया जाता है।
(a) सही (b) गलत

65. कम्प्यूटर (PC) ब्रीफकेस के आकार का होता है।
(a) सही (b) गलत

66. मिनी कम्प्यूटर, माइक्रो कम्प्यूटर से महँगे होते हैं।
(a) सही (b) गलत

67. लोगो (LOGO) का अर्थ है लैंग्वेज ऑफ ग्राफिक ओरिएन्टिड का छोटा रूप है।
(a) सही (b) गलत

68. हम लोगो में गणित की सभी संक्रियाएँ कर सकते हैं।
(a) सही (b) गलत

69. कम्प्यूटर की मेमोरी मुख्य रूप से तीन भागों में विभाजित की जा सकती है।
(a) सही (b) गलत

70. प्रोग्राम काउंटर और एक्युमुलेटर, रजिस्टर के प्रकार होते हैं।
(a) सही (b) गलत

71. सामान्यतः फ्लॉपी का आकार 3.5 इंच होता है।
(a) सही (b) गलत

72. ROM-BIOS सूचना का एक समूह होता है।
(a) सही (b) गलत

73. माइक्रोकम्प्यूटर का आविष्कार 1980 को हुआ था।
(a) सही (b) गलत

74. Sybase, Ingress, Java चौथी पीढ़ी की भाषाएँ है।
(a) सही (b) गलत

75. विन्डोज में DOS की भांति कमांड याद रखने की आवश्यकता नहीं होती है।
(a) सही (b) गलत

76. विंडोज 98 पर उपयोगकर्ता एक साथ कई सॉफ्टवेयर पर कार्य नहीं कर सकते हैं।
(a) सही (b) गलत

77. जी. यू. आई के कारण कार्य करना बहुत आसान हो जाता है।
(a) सही (b) गलत

78. दूसरी पीढ़ी सन् 1956 से 1965 तक चली थी।
(a) सही (b) गलत

79. चौथी पीढ़ी के कम्प्यूटरों की सबसे बड़ी विशेषता, बड़े तथा बहुत बड़े स्तरों पर इंटिग्रेशन की तकनीक का विकास होना है।
(a) सही (b) गलत

80. पहला माइक्रोप्रोसेसर इंटेल कॉर्पोरेशन नामक कंपनी ने तैयार किया था।

(a) सही (b) गलत

81. ENIAC का अर्थ इलैक्ट्रोनिक न्यूमैरिकल इंटीग्रेटर एंड कैलकुलेटर।

(a) सही (b) गलत

82. एसेसरीज़ उन अतिरिक्त प्रोग्रामों को कहते हैं जो विंडोज़ के साथ होते हैं।

(a) सही (b) गलत

83. कम्प्यूटर नेटवर्क में नेटवर्क की भौतिक सीमा को फायरवॉल कहते है।

(a) सही (b) गलत

84. सीडी रॉम ड्राइव फ्लॉपी चलाने में प्रयोग की जाती है।

(a) सही (b) गलत

85. कम्प्यूटर लैंग्वेज के दिशा-निर्देशों को डेटा कहा जाता है।

(a) सही (b) गलत

86. छोटे और सस्ते कम्प्यूटरों ने कम्प्यूटर क्रांति पैदा की थी। ये मेनफ्रेम कम्प्यूटर थे।

(a) सही (b) गलत

87. लैपटॉप कम्प्यूटर में उपयोगकर्ता एक विशेष पैन या स्टाइलस से स्क्रीन पर लिख सकते हैं।

(a) सही (b) गलत

88. सॉफ्टकॉपी, कम्प्यूटर पर उपलब्ध बहुपृष्ठों को कहा जाता है।

(a) सही (b) गलत

89. एक एक्सल वर्कबुक में केवल एक एक्सल स्प्रैडशीट हो सकती हैं।

(a) सही (b) गलत

90. आप किस प्रकार का ऑपरेटिंग सिस्टम प्रयोग करना चाहते हैं। यह आपकी कम्प्यूटर एप्लीकेशन पर निर्भर करता है।

(a) सही (b) गलत

91. व्याकरण संबंधी त्रुटियाँ काली रेखा से दर्शायी जाती हैं।

(a) सही (b) गलत

92. वर्ड में मेलिंग सूची को डेटा सोर्स कहा जाता है।

(a) सही (b) गलत

93. माउस से किसी आइकन पर क्लिक करने का अर्थ है।

(a) सही (b) गलत

94. लेज़र प्रिंटर से केवल सफेद-काले चित्र निकलते हैं।

(a) सही (b) गलत

95. कम्प्यूटर पर चलने वाले प्रोग्रामों को हार्डवेयर कहा जाता है।

(a) सही (b) गलत

96. वाई-फाई नेटवर्क की रेंज 300 फीट होती है।

(a) सही (b) गलत

97. पेन ड्राइव को छोड़कर सभी इनपुट/आउटपुट डिवाइस सॉफ्टवेयर से नियंत्रित होती हैं।

(a) सही (b) गलत

98. फ्लापी ड्राइव को छोड़कर सभी इनपुट/आउटपुट डिवाइस सॉफ्टवेयर से नियंत्रित होती हैं।

(a) सही (b) गलत

99. कम्प्यूटर तेज़ होते हैं पर सही नहीं।

(a) सही (b) गलत

100. इंटरनेट चार दशक पूर्व विकसित हुआ।

(a) सही (b) गलत

उत्तरमाला

1. (c)	**2.** (d)	**3.** (d)	**4.** (d)	**5.** (c)	**6.** (c)	**7.** (b)	**8.** (c)	**9.** (c)	**10.** (b)
11. (b)	**12.** (c)	**13.** (c)	**14.** (d)	**15.** (b)	**16.** (a)	**17.** (c)	**18.** (d)	**19.** (c)	**20.** (b)
21. (d)	**22.** (a)	**23.** (b)	**24.** (b)	**25.** (b)	**26.** (d)	**27.** (d)	**28.** (d)	**29.** (b)	**30.** (d)
31. (d)	**32.** (c)	**33.** (a)	**34.** (b)	**35.** (b)	**36.** (b)	**37.** (c)	**38.** (b)	**39.** (a)	**40.** (a)
41. (c)	**42.** (b)	**43.** (b)	**44.** (c)	**45.** (a)	**46.** (b)	**47.** (c)	**48.** (c)	**49.** (d)	**50.** (c)
51. (a)	**52.** (a)	**53.** (b)	**54.** (b)	**55.** (b)	**56.** (b)	**57.** (a)	**58.** (a)	**59.** (b)	**60.** (a)
61. (a)	**62.** (b)	**63.** (b)	**64.** (a)	**65.** (b)	**66.** (a)	**67.** (a)	**68.** (a)	**69.** (a)	**70.** (a)
71. (a)	**72.** (a)	**73.** (b)	**74.** (a)	**75.** (a)	**76.** (b)	**77.** (a)	**78.** (a)	**79.** (a)	**80.** (a)
81. (a)	**82.** (a)	**83.** (a)	**84.** (b)	**85.** (b)	**86.** (b)	**87.** (b)	**88.** (b)	**89.** (b)	**90.** (b)
91. (b)	**92.** (a)	**93.** (a)	**94.** (b)	**95.** (b)	**96.** (a)	**97.** (a)	**98.** (a)	**99.** (b)	**100.** (a)

प्रैक्टिस टेस्ट पेपर-VII

1. **ऑपरेटिंग सिस्टम और हार्डवेयर के बीच ट्रांसलेट करने के लिए कम्प्यूटर सिस्टम में किसका प्रयोग किया जाता है?**
   (a) पोर्ट (b) डिवाइस ड्रावर्स
   (c) करनेल (d) रजिस्टर्स
2. **एम.एस.वर्ड में डिवेलपर टैब पर कन्टेन्ट कन्ट्रोल्स को एडिट करने के लिए इनमें से किस विकल्प का प्रयोग किया जाता है?**
   (a) ग्राफिकल इण्टरफेस (b) व्यू
   (c) डिजाइन मोड (d) लुकअप टेबल्स
3. **डिजिटल रिकॉर्डिंग को प्ले करने के लिए डिवाइस की आवश्यकता होती है?**
   (a) साउन्ड कार्ड (b) स्कैनर
   (c) स्पीच रिकॉग्निशन (d) एम.आई.सी.आर.
4. **इंटरनेट से कनैक्ट होने पर हर बार विभिन्न आई.पी. एड्रेसेस को सपोर्ट करने के लिए सिस्टम की सहायता निम्नलिखित में से कौन करता है?**
   (a) डी.एच.सी.पी. (b) टी.सी.पी.
   (c) ए.आर.पी. (d) यू.डी.पी.
5. **विण्डोज का कौन-सा वर्जन क्लाउड सर्विसेज प्लेटफार्म है जो आपको वेब एप्लीकेशन और सर्विसेज तैयार करने में मदद करता है?**
   (a) विण्डोज 8 (b) विण्डोज 7
   (c) विण्डोज एजूर (d) विण्डोज सी
6. **दो नेटवर्किंग नोड् के बीच सीधा सम्बन्ध साधने के लिए प्राय: किस प्रोटोकॉल का प्रयोग किया जाता है?**
   (a) इनट्रानेट
   (b) प्वाइंट टू प्वाइंट प्रोटोकॉल
   (c) इंटरनेट
   (d) एड्रस रिसोलूशन प्रोटोकॉल
7. **__________ एक विंडोज यूटिलिटी प्रोग्राम है जो अनावश्यक हिस्सों के फ्रेग्मेंटस को पहचानता और हराता है और फाइलों तथा अप्रयुक्त डिस्क स्पेस को पुनर्व्यवस्थित करता है ताकि ऑपरेशन इष्टतम ढंग से हो सके।**
   (a) बैकअप (b) डिस्क क्लीनअप
   (c) डिस्क डीफ्रेग्मेंटर (d) रीस्टोर
8. **हैंडहेल्ड ऑपरेटिंग सिस्टम का प्रयोग निम्न में से कौन करता है?**
   (a) पर्सनल कम्प्यूटर (b) लैपटॉप
   (c) सुपर कम्प्यूटर (d) पीडीए
9. **स्टोरेज डिवाइस कौन-सी नहीं है?**
   (a) सी.डी. (b) डी.वी.डी.
   (c) हार्ड डिस्क (d) प्रिंटर
10. **जॉयस्टिक का प्राथमिक तौर पर प्रयोग ________ के लिए होता है**
    (a) कम्प्यूटर गेमिंग (b) टेक्स्ट एंटर
    (c) पिक्चर बनाने (d) टेक्स्ट प्रिंट करने
11. **विंडोज एक्सप्लोरर में फोल्डर की सामग्री देखने के लिए क्या करना चाहिए?**
    (a) इसे कलैप्स करें (b) इस पर क्लिक करें
    (c) इसे रीनेम दें (d) इसे नाम दें
12. **C.P.U. (सी.पी.यू.) में कंट्रोल, मैमोरी और __________ यूनिट होते हैं-**
    (a) अर्थमैटिक/लॉजिक (b) माइक्रो प्रोसेसर
    (c) ROM (d) इनपुट
13. **टिपिकल नेटवर्क में __________ सबसे महत्वपूर्ण / शक्तिशाली कम्प्यूटर है।**
    (a) नेटवर्क सर्वर (b) नेटवर्क स्टेशन
    (c) डेस्कटॉप (d) नेटवर्क स्विच
14. **__________ डिवाइस मनुष्य द्वारा समझे जाने वाले डाटा और प्रोग्रामों को ऐसे रूप में बदल देता है, जिसे कम्प्यूटर प्रोसेस कर सकता है।**
    (a) आउटपुट (b) प्रिंटिंग
    (c) मॉनीटर (d) सॉलिड स्टेट
15. **वेबपेज पर दिखने वाले __________ को क्लिक किया जाए तो उससे डॉक्यूमेंट खुलता है।**
    (a) URL (b) एंकर
    (c) हायपरलिंक (d) हेडिंग
16. **टेक्स्ट आधारित डॉक्यूमेंट तैयार करने वाले सॉफ्टवेयर को क्या कहते हैं?**

(a) DBMS (b) वर्ड प्रोसेसर
(c) स्प्रेडशीट (d) प्रजेंटेशन सॉफ्टवेयर

17. सूचना को डिसप्ले करने और प्रोग्रामों को रन करने के लिए आयताकार जगह निम्न में से कौन-सी है?
(a) मेनू (b) विंडो
(c) डेस्कटॉप (d) आइकन

18. निम्न में से किसका अर्थ अत्यधिक बिजली है और जिससे वोल्टेज बढ़ सकती है?
(a) शॉक (b) एनॉमली
(c) वायरस (d) स्पाइक

19. CPU में 'C' से क्या शब्द बनता है?
(a) Central (b) Common
(c) Convenient (d) Computer

20. एम.एस.वर्ड में ग्राफिकल डेट रेंज सिलेक्टर से क्या तात्पर्य है?
(a) फिल्टर्स (b) फिल लिस्ट्स
(c) ग्रेडियंट फिल (d) टाइम लाइन

21. आपके सिस्टम और बाहरी दुनिया के बीच में रोक लगाकर आपके सिस्टम का बचाव कौन करता है?
(a) फायरवाल (b) ट्रॉजन हार्स
(c) स्विच (d) गेटवे

22. कम्प्यूटर्स, विशिष्टतः _________ के साथ कार्य करके, आंकड़ों की सूचना में प्रोसेसिंग करते हैं।
(a) वर्ड्स (b) करेक्टर्स
(c) मल्टीमीडिया (d) नंबर्स

23. कौन-सा इण्टरनेट प्रोटोकॉल एक ई-मेल क्लाइंट को रिमोट ई-मेल सर्वर में प्रवेश करने में सहायता करता है?
(a) एस.एम.टी.पी (b) एम.आई.एम.ई
(c) आई.एम.ए.पी. (d) डब्ल्यू.ए.पी.

24. वालेटिलिटी इनमें से किसकी प्रोपर्टी है?
(a) कम्प्यूटर नेटवर्क्स (b) डिस्क
(c) ROM (d) RAM

25. निर्माण प्रक्रिया में इनमें से किस मेमोरी चिप को प्रोग्राम किया जाता है?
(a) RAM (b) ROM
(c) EE PROM (d) PROM

26. कोई ऑब्जेक्ट, अपने आंकड़ों को तो छुपा लेता है मगर _________ तक पहुंचने के लिए बाहरी कोड को अनुमति प्रदान करता है।
(a) वे विधियां, जो डाटा पर ऑपरेट करती हैं।
(b) डाटा फाइल्स (c) प्राइवेट डाटा मेम्बर्स
(d) स्यूडोकोड

27. विशेष प्रयोजन एप्लीकेशन्स में, इसे छोड़कर सभी शामिल हैं-
(a) डाटाबेस प्रबन्ध प्रणालियां
(b) मल्टीमीडिया क्रिएशन प्रोग्राम
(c) वेब ऑथरिंग प्रोग्राम्स
(d) वर्चुअल रिएलिटी प्रोग्राम्स

28. इस प्रकार का सॉफ्टवेयर, निम्नलिखित के अधिकांश तकनीकी ब्यौरों को हैण्डल करने के लिए, अंतिम उपयोगकर्ताओं, एप्लीकेशन सॉफ्टवेयर तथा कम्प्यूटर हार्डवेयर के साथ कार्य करता है-
(a) एप्लीकेशन सॉफ्टवेयर
(b) कम्यूनिकेशन्स सॉफ्टवेयर
(c) यूटिलिटी सॉफ्टवेयर
(d) सिस्टम सॉफ्टवेयर

29. वे ग्राफिकल तस्वीरें, जो फाइल, फोल्डर इत्यादि जैसे ऑब्जेक्ट को रिप्रेजेन्ट करती हैं वे _________ हैं।
(a) टास्क बार (b) विण्डोज
(c) आइकॉन्स (d) डेस्कटॉप

30. बाइनरी लैंग्वेज में अल्फाबेट का प्रत्येक अक्षर, प्रत्येक अंक तथा प्रत्येक विशेष करेक्टर, _________ के अनोखे योग से बना होता है।
(a) आठ बिट्स (b) आठ किलोबाइट्स
(c) आठ करेक्टर्स (d) आठ बाइट्स

31. सॉफ्टवेयर का अर्थ है-
(a) वे भौतिक कम्पोनेन्ट्स, जिनसे कम्प्यूटर बना होता है-
(b) पीपलवेयर (c) फर्मवेयर
(d) प्रोग्राम्स

32. वे कम्पोनेन्ट्स जो आंकड़ों का संसाधन करते हैं, वे निम्नलिखित में स्थित होते हैं-
(a) प्रणाली यूनिट (b) आउटपुट डिवाइसेज
(c) इनपुट डिवाइसेज (d) स्टोरेज कम्पोनेंट

33. मेन्यू निम्नलिखित का एक भाग होता है-

(a) यूजर इन्टरफेस (b) हार्डवेयर

(c) स्टेट्स बार (d) मॉनीटर

34. वर्ड प्रोसेसिंग सॉफ्टवेयर ________ का निर्माण करने के लिए प्रयोग में लाया जाता है।

(a) डाटाबेस (b) डॉक्यूमेन्ट्स

(c) स्प्रेडशीट्स (d) इलेक्ट्रॉनिक

35. ऐसी इण्टरनेट सेवा जो उपलब्ध संसाधनों को, मल्टीमीडिया इन्टरफेस प्रदान करवाती हो उसे निम्नलिखित कहते हैं-

(a) वर्ल्ड वाइव वेब (b) FTP

(c) गोफर (d) हेलनेटस्लाइड्स

36. कम्प्यूटर संसाधनों में प्रबंधन से संबंधित विशिष्ट कार्य करने के लिए डिजाइन किए गए प्रोग्रामों को ________कहा जाता है।

(a) सिस्टम सॉफ्टवेयर (b) ऑपरेटिंग प्रणाली

(c) एप्लीकेशन सॉफ्टवेयर (d) यूटिलिटी प्रोग्राम्स

37. निम्नलिखित प्रकार के कम्प्यूटरों में से सर्वाधिक शक्तिशाली कौन-सा है?

(a) मेनफ्रेम कम्प्यूटर (b) मिनी कम्प्यूटर

(c) सुपर कम्प्यूटर (d) माइक्रो कम्प्यूटर

38. कम्पलाइर -

(a) बूलियन एल्जेब्रा का ऑपरेटर होता है

(b) कम्प्यूटर ऑपरेटर को दिया गया नाम है

(c) डिजिटल मशीन का वह हिस्सा है जिसमें सूचना का भण्डारण किया जाता है

(d) स्रोत प्रोग्राम का ऑब्जेक्ट कोड में अनुवादक है।

39. आउटपुट तैयार करने में ये शामिल हैं-

(a) बाहरी विश्व से सूचना स्वीकार करना

(b) सूचना मूव करना तथा उसका भण्डारण

(c) दूसरे कम्प्यूटर के साथ कम्युनिकेशन

(d) बाहरी विश्व को सूचनाएं कम्प्यूनिकेट करना

40. वह इनपुट डिवाइस जो सुपर बाजारों में व्यापक रूप से प्रयुक्त की जाती है-

(a) माउस (b) ट्रैकबॉल

(c) कीबोर्ड (d) बार कोड रीडर

41. जब कम्प्यूटर दिए गए अनुदेशों पर कार्य करता है तो उसे निम्नलिखित कहा जाता है-

(a) इनपुट (b) आउटपुट

(c) प्रोसेसिंग (d) स्टोरेज

42. वह हार्डवेयर डिवाइस जिसे आमतौर पर कम्प्यूटर का मस्तिष्क कहा जाता है, वह है-

(a) डाटा इनपुट (b) RAM चिप

(c) CPU (d) सेकण्डरी स्टोरेज

43. इनमें से कौन-सा कार्य किसी कम्प्यूटर के चार प्रमुख डाटा प्रोसेसिंग कार्यों में से एक नहीं है?

(a) डाटा एकत्र करना

(b) आंकड़ों को सूचनाओं में प्रोसेस करना

(c) आंकड़ों अथवा सूचनाओं का विश्लेषण करना

(d) इनमें से कोई नहीं

44. कम्प्यूटर्स डाटा एकत्र करते हैं जिसका अर्थ है कि वे उपयोगकर्ता को डाटा ________ की अनुमति देते हैं।

(a) आउटपुट (b) इनपुट

(c) डिस्प्ले (d) प्रस्तुत

45. वायरस, ट्रॉजन होर्सेस तथा वर्म्स -

(a) यूजर फ्रेंड्ली एप्लीकेशन्स हैं

(b) यदि कम्प्यूटर पर प्रेजेंट हों, तो डिटेक्ट नहीं कर सकते

(c) कम्प्यूटर प्रणाली को हानि पहुंचाने में सक्षम होते हैं

(d) कम्प्यूटर पर रहने वाली हानि रहित एप्लीकेशन्स हैं

46. मानव भाषा (ह्यूमन लैंग्वेज) तथा एक प्रोग्रामिंग लैंग्वेज के बीच एक क्रॉस है।

(a) स्थूडोकोड

(b) द कम्पाइलर

(c) जावा

(d) द जावा वर्चुअल मशीन

47. ________ टर्मिनल्स (जिन्हें पहले कैश रजिस्टर्स कहते थे) प्रायः कॉम्प्लैक्स इन्वेन्टरी तथा विक्रय कम्प्यूटर प्रणालियों से जुड़े होते हैं।

(a) डाटा
(b) सेल्स
(c) क्वेरी
(d) प्वाइंट ऑफ सेल (POS)

48. एक कम्प्यूटर प्रोग्राम -
(a) अनुदेशों का एक ऐसा सेट है जो समस्या सुलझाने अथवा कार्य के निष्पादन में कम्प्यूटर को समर्थ बनाता है।
(b) फ्लोचार्ट है
(c) छद्मकोड (स्यूडोकोड) है
(d) मुख्य मैमोरी है

49. दस्तावेज प्रिन्ट करने की शॉर्टकट की है-
(a) Ctrl + D (b) Ctrl + A
(c) Ctrl + B (d) Ctrl + P

50. जावा ______ का उदाहरण है-
(a) असेम्बली भाषा (लैंग्वेज)
(b) फोर्थ जनरेशन भाषा (लैंग्वेज)
(c) मशीनी भाषा (लैंग्वेज)
(d) उच्चस्तरीय भाषा (लैंग्वेज)

सही और गलत

51. ई-मेल द्वारा आई अटैच फाइल पर वायरस ना होने का विश्वास तभी किया जा सकता है जब यह किसी 'ट्रस्टेड सोर्स' से आई हो।
(a) सही (b) गलत

52. कनेक्टर एक ऐसा उपकरण है जो दो नेटवर्कों को आपस में जोड़ता है।
(a) सही (b) गलत

53. फिफ्थ जेनरेशन के कम्प्यूटर को तैयार करने का उद्देश्य ऐसी डिवाइस तैयार करना है जो विशिष्ट भाषा के साथ काम करे।
(a) सही (b) गलत

54. 3GL की तरह फोर्थ-जेनरेशन लैंग्वेजेज (4GL) अंग्रेजी तरह की स्टेटमेंट का प्रयोग करती है।
(a) सही (b) गलत

55. इंटरप्रेटर कोड की लाइन बदलते समय कोई एरर देखता है तो स्क्रीन पर कुछ घंटों के बाद एरर मैसेज डिस्प्ले होता है।
(a) सही (b) गलत

56. कम्पाइलर एक बार पूरे सोर्स प्रोग्राम को मशीन लैंग्वेज में कन्वर्ट करता है।
(a) सही (b) गलत

57. कोबाल (COBOL) 'कॉमन बिजनेस ओरिएन्टेड लैंग्वेज' का संक्षिप्त रूप है इसे कमर्शियल उद्द्श्यों के लिए विकसित नहीं किया गया।
(a) सही (b) गलत

58. प्रोग्रामिंग लैंग्वेजेज में मशीन लैंग्वेजेज, असेम्बली लैंग्वेजेज, थड-जेनरेशन लैंग्वेजेज, फोर्थ जेनरेशन लैंग्वेजेज और नेचुरल लैंग्वेजेज नाम की पाँच मुख्य लैंग्वेजेज हैं।
(a) सही (b) गलत

59. प्रोग्राम डेवलपमेंट टूल्स के साथ एक डेवलपर को प्रोग्रामिंग लैंग्वेज सीखने की विशेष रूप से जरूरत है।
(a) सही (b) गलत

60. प्रोग्रामिंग लैंग्वेज वर्ड्स सिम्बल और कोड्स का समूह होता है जिनका कम्प्यूटर द्वारा प्रोसेस और एक्सेस कर सकने लायक इंस्ट्रक्शंस क्रिएट करने में इस्तेमाल नहीं होता है।
(a) सही (b) गलत

61. कम्प्यूटर एडिड डिजाइन का (CAD) प्रयोग प्रोडक्ट को डिजाइन करने के लिए किया जाता है, डेवलप और ऑप्टिमाइज करने के लिए नहीं।
(a) सही (b) गलत

62. प्रेजेन्टेशन का एक पेज स्लाइड कहलाता है।
(a) सही (b) गलत

63. डाटाबेस टेबल के समूह में नहीं बने होते।
(a) सही (b) गलत

64. माइक्रोसॉफ्ट वर्ड सर्वाधिक व्यापक प्रयुक्त कम्प्यूटर वर्ड प्रोसेसिंग सिस्टम नहीं है।
(a) सही (b) गलत

65. लोकल एरिया नेटवर्कों के पास अपनी कैरेक्टरिस्टिक टोपोलॉजी जैसे बस, रिंग या स्टार होती है और वे एक साथ अधिक नेटवर्किंग प्रोटोकॉल जैसे एप्पल, टॉक, ईथरनेट अथवा TCP/IP लागू करते है।
(a) सही (b) गलत

66. नेटवर्क तीन प्रकार के होते हैं।

(a) सही (b) गलत

67. नेटवर्क के साइज की एक पूरी रेंज होती है। एक छोटा नेटवर्क दो कम्प्यूटरों को आपस में जोड़ता है तो ग्लोबल नेटवर्क जैसे इण्टरनेट में दुनिया के लाखों कम्प्यूटर आपस में जुड़ नहीं पाते।

(a) सही (b) गलत

68. जब किसी सॉफ्टवेयर पैकेज का नेटवर्क वर्जन खरीदा जाता है, सॉफ्टवेयर वेंडर एक लीगल एग्रीमेंट इश्यू करता है। इसे लाइट लाइसेंस कहा जाता है।

(a) सही (b) गलत

69. करनेल ऑपरेटिंग सिस्टम का कोर (केन्द्रीय हिस्सा) होता है, जो मैमोरी व डिवाइसिस (कम्प्यूटर की घड़ी), एप्लीकेशंस स्टार्ट को मैनेज करता है।

(a) सही (b) गलत

70. कम्प्यूटर को स्टार्ट और रीस्टार्ट करने को बूटिंग कहते हैं।

(a) सही (b) गलत

71. जब गणनाओं की बहुत ज्यादा अहमियत हो और कार्य करने में देरी करने से परेशानी हो सकती हो, तो बैच प्रोसेसिंग सिस्टम का प्रयोग किया जाता है।

(a) सही (b) गलत

72. सिंगल यूजर सिंगल टास्क ऑपरेटिंग सिस्टम एक ही यूजर के बेहतर कार्य को करने के लिए बनाया गया है।

(a) सही (b) गलत

73. मल्टी थ्रेडिंग के द्वारा एक सॉफ्टवेयर प्रोग्राम के विभिन्न भागों को एक साथ चलाया जा सकता है। Linux, Unix व Window & 2000 मल्टी थ्रेडिंग नहीं है।

(a) सही (b) गलत

74. पोस्ट, मदरबोर्ड पर CMOS चिप के डाटा को कम्पेयर करता है।

(a) सही (b) गलत

75. रोम चिप में बायोज (BIOS) होता है। बायोज (Basic input/output system) फर्म वेयर है। इसमें कम्प्यूटर की स्टार्ट अप के इन्स्ट्रक्शंस नहीं होते हैं।

(a) सही (b) गलत

76. करनेल मैमोरी का रेजीडेन्ट नहीं है।

(a) सही (b) गलत

77. प्रैक्टिकल कम्प्यूटर सिस्टम तीन मुख्य वर्गों में विभाजित होते हैं- सिस्टम सॉफ्टवेयर, एप्लीकेशन सॉफ्टवेयर, प्रोग्रामिंग सॉफ्टवेयर।

(a) सही (b) गलत

78. स्टोरेज उपलब्ध कराने वाले कुछ स्टोरेज प्रोवाइडर विन्डो, लाइव, स्काई ड्राइव, फ्लिकर, पिकासा, यूट्यूब व फेसबुक आदि है।

(a) सही (b) गलत

79. क्लाउड स्टोरेज एक इंटरनेट सेवा है जो कम्प्यूटर यूजर को स्टोरेज (संग्रह) की क्षमता उपलब्ध नहीं कराती है।

(a) सही (b) गलत

80. फ्लैश डिवाइस और थम्ब डिवाइस कम्प्यूटर स्टोरेज का नवीनतम रूप है। इन डिवाइसों को कम्प्यूटर के यूएसबी पोर्ट से जोड़ा जा सकता है।

(a) सही (b) गलत

81. एक्सपेन्शन स्लॉक एक सॉकेट होता है जिसकी मदद से सर्किट बोर्ड को मदरबोर्ड में लगाया जाता है।

(a) सही (b) गलत

82. डॉट मैट्रिक्स प्रिंटर हाई-क्वालिटी इमेज निकालता है।

(a) सही (b) गलत

83. जॉयस्टिक का प्रयोग अधिकांशत: खेलों में तथा क्रेन जैसी मशीनों के नियन्त्रण में किया जाता है।

(a) सही (b) गलत

84. एंटर, शिफ्ट, बैकस्पेस, डिलीट, कैप्सलॉक, कन्ट्रोल आदि कुजियां फंक्शन कुंजियाँ हैं।

(a) सही (b) गलत

85. प्वॉइंट-एड-डॉ इनपुट उपकरण के अन्तर्गत माउस आता है।

(a) सही (b) गलत

86. ऑपरेटिंग सिस्टम, लैंग्वेज प्रोसेसर, एप्लीकेशन प्रोग्राम, सबस्टीन सिस्टम हार्डवेयर के प्रकार हैं।

(a) सही (b) गलत

87. नोटबुक कम्प्यूटर को लैपटॉप भी कहा जाता है। नोटबुक छोटे आकार और कम वजन वाला कम्प्यूटर है जिसे आसानी से एक स्थान से दूसरे स्थान तक ले जाया जा सकता है।

(a) सही (b) गलत

88. आईबीएम कम्पैटेबल कम्प्यूटर पसर्नल कम्प्यूटर के तौर पर प्रयोग नहीं किए जाते।

(a) सही (b) गलत

89. माईक्रोकम्प्युटर, पर्सनल कम्प्युटर, मिनी कम्प्युटर, मेनफ्रेम कम्प्युटर, सुपर कम्प्युटर, अलग-अलग आकार के कम्प्युटर हैं।

(a) सही (b) गलत

90. मदरबोर्ड को मेनबोर्ड या सिस्टम बोर्ड भी कह सकते हैं।

(a) सही (b) गलत

91. सेन्ट्रल प्रोसेसिंग ईकाई को कम्प्युटर का मस्तिष्क नहीं कहा जाता।

(a) सही (b) गलत

92. अभी तक कम्प्युटर की पाँच पीढ़ियाँ विकसित की जा चुकी हैं।

(a) सही (b) गलत

93. एक स्वचलित कैलकुलेटर या कम्प्यूटर का निर्माण 1833 में चार्ल्स बैबेज द्वारा किया गया। चार्ल्स को आधुनिक कम्प्यूटर का जनक कहा जाता है।

(a) सही (b) गलत

94. प्रथम मैकेनिकल कम्प्यूटर का निर्माण ब्लेज पास्कल ने 1643 में किया।

(a) सही (b) गलत

95. आईवीएम (IBM) कम्पनी ने IBM 650; 702, 704, 705, 709 मॉडल बनाए।

(a) सही (b) गलत

96. साठ के दशक में इंटीग्रेटेड सर्किट्स जिन्हें ICs के नाम से पहचाना जाता है, माइक्रो इलेक्ट्रॉनिक्स के क्षेत्र में आए।

(a) सही (b) गलत

97. कई अमेरिकन और यूरोपियन कम्पनियों ने सेकेंड जेनरेशन के कम्प्युटरों का आविष्कार किया। ये कम्प्युटर साइज में छोटे नहीं थे। इनमें से एक IBM–1401 सबसे अधिक लोकप्रिय थी।

(a) सही (b) गलत

98. डिजीटल कम्प्युटर्स माइक्रो कम्प्युटर्स, मिनी कम्प्युटर्स, मेनफ्रेम्स और सुपरकम्प्युटर्स की रेंज के अन्तर्गत नहीं आते हैं।

(a) सही (b) गलत

99. ऐनालॉग कम्प्युटर्स ऐसी सूचनाओं कों हैंडल या प्रोसेस करते हैं जो भौतिक प्रकृति की होती हैं जैसे टैम्परेटर प्रेशर आदि। ये एनालॉग या समकक्ष भौतिक वैल्यू को मापने पर आधारित नहीं होते हैं।

(a) सही (b) गलत

100. कम्प्यूटर एक इलेक्ट्रॉनिक उपकरण है जो एक विस्तृत स्टेप-बाई-स्टेप स्टोर किए गए निर्देशों के प्रोग्राम के निर्देशन में ऑटोमैटिक रूप से डाटा को ऐक्सेप्ट और स्टोर करता है, उन्हें मैनीपुलेट करता है और आउटपुट रिजल्ट प्रस्तुत करता है।

(a) सही (b) गलत

उत्तरमाला

1. (b)	**2.** (c)	**3.** (a)	**4.** (c)	**5.** (c)	**6.** (b)	**7.** (c)	**8.** (d)	**9.** (d)	**10.** (a)
11. (b)	**12.** (a)	**13.** (a)	**14.** (d)	**15.** (c)	**16.** (d)	**17.** (d)	**18.** (d)	**19.** (b)	**20.** (c)
21. (a)	**22.** (d)	**23.** (c)	**24.** (d)	**25.** (b)	**26.** (c)	**27.** (d)	**28.** (c)	**29.** (c)	**30.** (a)
31. (d)	**32.** (a)	**33.** (c)	**34.** (b)	**35.** (a)	**36.** (b)	**37.** (c)	**38.** (d)	**39.** (d)	**40.** (d)
41. (c)	**42.** (c)	**43.** (d)	**44.** (b)	**45.** (c)	**46.** (a)	**47.** (d)	**48.** (a)	**49.** (d)	**50.** (d)
51. (a)	**52.** (a)	**53.** (b)	**54.** (a)	**55.** (b)	**56.** (a)	**57.** (b)	**58.** (a)	**59.** (b)	**60.** (b)
61. (b)	**62.** (a)	**63.** (b)	**64.** (b)	**65.** (a)	**66.** (a)	**67.** (b)	**68.** (b)	**69.** (a)	**70.** (a)
71. (b)	**72.** (a)	**73.** (b)	**74.** (a)	**75.** (b)	**76.** (b)	**77.** (a)	**78.** (a)	**79.** (b)	**80.** (a)
81. (a)	**82.** (b)	**83.** (a)	**84.** (b)	**85.** (a)	**86.** (b)	**87.** (a)	**88.** (b)	**89.** (a)	**90.** (a)
91. (b)	**92.** (a)	**93.** (a)	**94.** (b)	**95.** (a)	**96.** (a)	**97.** (b)	**98.** (b)	**99.** (b)	**100.** (a)

प्रैक्टिस टेस्ट पेपर-VIII

1. **प्रोसेसर की गति किस इकाई में मापी जाती है-**
   (a) कैरेक्टर प्रति सेकण्ड
   (b) मेगाहर्ट्ज
   (c) मेगाबाइट्स
   (d) नैनो सेकण्ड
2. **कम्प्यूटर में 'पासवर्ड' सुरक्षा करता है-**
   (a) सॉफ्टवेयर की त्रुटियों से
   (b) तन्त्र के अनधिकृत अभिगमन से
   (c) हार्डवेयर के पुराने पड़ने से
   (d) a और b
3. **स्मार्ट कार्ड है-**
   (a) प्रोसेसिंग यूनिट में डाटा स्टोरिंग के लिए मेमोरी होती है
   (b) सॉफ्टवेयर हैण्डलिंग के लिए प्रोसेसिंग यूनिट हैं
   (c) स्पेशल परपज कार्ड
   (d) माइक्रोप्रोसेसर कार्ड
4. **कम्प्यूटर जिस भाषा को समझ सकता है, वह है-**
   (a) मशीन भाषा (b) उच्चस्तरीय भाषा
   (c) निम्नस्तरीय भाषा (d) असेम्बली भाषा
5. **CAD का तात्पर्य है-**
   (a) कम्प्यूटर एल्गोरिथम फॉर डिजाइन
   (b) कम्प्यूटर एरिया डिस्कवर डिजाइन
   (c) कम्प्यूटर एडेड डिजाइन
   (d) कम्प्यूटर एप्लिकेशन इन डिजाइन
6. **पेन ड्राइव को कम्प्यूटर से जोड़ने के लिए प्रयोग होता है-**
   (a) पैरेलल पोर्ट (b) यूएसबी पोर्ट
   (c) नेटवर्क पोर्ट (d) सिरीयल पोर्ट
7. **निम्नलिखित में कौन भारत में विकसित सुपर कम्प्यूटर नहीं है-**
   (a) एका (b) अनुपम
   (c) फ्लोसॉल्वर मार्क-4 (d) जगुआर (क्रे टी-5)
8. **सिलीकॉन की परत चढ़ी इंटीग्रेटेड सर्किट चिप (IC Chip) के विकास का श्रेय किसको जाता है?**
   (a) बी. पास्कल (b) चार्ल्स बेबेज
   (c) जे.एस. किल्वी (d) राबर्ट नोयी
9. **वे कम्प्यूटर भाषाएं, जिनके निर्देश अंग्रेजी में लिखे जाएं तथा उन्हें विशेष प्रोग्राम के द्वारा मशीनी भाषा में अनुदित किया जा सके, वे कहलाती हैं-**
   (a) मशीनी भाषा (b) उच्चस्तरीय भाषा
   (c) एसेम्बली भाषा (d) मध्यम स्तरीय भाषा
10. **किस प्रकार का सॉफ्टवेयर लेखाकार की वर्कशीट जैसा होता है?**
   (a) डाटाबेस (b) ग्राफिक्स
   (c) फाइल मैनेजर (d) स्प्रैडशीट्स
11. **एक्सेल वर्कबुक में एक वर्कशीट से दूसरे में मूल करने के लिए __________ क्लिक कीजिए।**
   (a) टैब बटन (b) एक्टिव सेल
   (c) शीट टैब (d) स्क्रोल बार
12. **निम्नलिखित में से किसका प्रयोग टेक्स्ट को कॉपी अथवा मूव करने में होता है?**
   (a) क्लिप बोर्ड (b) की-बोर्ड
   (c) प्रिंटर (d) स्कैनर
13. **बैकअप क्या है?**
   (a) इन्फॉर्मेशन बैकअप को रीस्टोर करना
   (b) सिस्टम की इन्फॉर्मेशन की ठीक वैसी ही प्रतिलिपि
   (c) सिस्टम के क्रैश या फेल होने पर सिस्टम को अप या रन करने की क्षमता
   (d) उपर्युक्त सभी

14. इनमें से कौन-सी पठनीय स्मृति भण्डारण (Read Only Memory) युक्ति (डिवाइस) है?

(a) सीडी रोम (b) हार्ड डिस्क
(c) फ्लॉपी डिस्क
(d) मैग्नेटिक डिस्क तथा हार्डडिस्क

15. स्टेटस बार (Status Bar) में जानकारी दी जाती है-

(a) ई-मेल की (b) सॉफ्टवेयर की
(c) एड्रेस की (d) पेज नम्बर की

16. जब आप किसी पेज से कोई टैक्स्ट किसी अन्य पेज पर ले जाना चाहते हो, तो उसकी श्रेष्ठ पद्धति __________ है।

(a) फाइंड एण्ड रिप्लेस (b) ड्रैग एण्ड ड्रॉप
(c) कट एण्ड पेस्ट (d) डिलीट एण्ड रीटाइप

17. MS वर्ड में नया पृष्ठ आरम्भ करने के लिए कौन-सी की दबाई जानी चाहिए?

(a) डाउन कर्सर की (b) एंटर की
(c) शिफ्ट + एंटर (d) Ctrl + एंटर

18. सेकेण्डरी स्टोरेज मीडिया से हार्डडिस्क में सॉफ्टवेयर प्रोग्रामों को कॉपी करने की प्रक्रिया को क्या कहते हैं?

(a) कनफिगरेशन (b) अपलोड
(c) इंस्टॉलेशन (d) स्टोरेज

19. इंटरनेट एक्सप्लोरर प्रारम्भ होते ही सबसे पहले जिस साइट को खोला जाता है, वह कहलाती है-

(a) होस्ट साइट (b) टर्मिनल
(c) सर्वर (d) एड्रेस साइट

20. न्यूमेरिक की-पैड की-बोर्ड के किस भाग में स्थित रहता है?

(a) बीच भाग में (b) दाहिने भाग में
(c) बाएं भाग में (d) दाहिने एवं बाएं भाग में

21. अर्थमेटिक लॉजिक यूनिक (ALU) में गणनाओं के माध्यमिक परिणामों को संग्रह करने के लिए कौन-सी मेमोरी होती है?

(a) एड्रेस (b) कन्ट्रोल
(c) रजिस्टर (d) डाटाबेस

22. वह युक्ति जिसके द्वारा आंकड़ों को टेलीफोन के माध्यम से बाइनरी सिग्नलों की सहायता से भेजा जाता है, कहलाता है-

(a) मोडेम (b) ओ.सी.आर.
(c) माउस (d) मॉनीटर

23. असेम्बली भाषा में लिखे हुए प्रोग्राम को निम्नलिखित में से कौन मशीन भाषा में अनुदित करता है?

(a) असेम्बलर (b) कम्पाइलर
(c) इंटरप्रेटर (d) अनुवादक

24. एच.टी.टी.पी. का इंटरनेट एड्रेस में सही विस्तार है-

(a) हाइब्रिड टेक्स्ट ट्रांसफर प्रोटोकॉल
(b) हायर ट्रांसफर टेक्स्ट प्रोटोकॉल
(c) हायर टेक्स्ट ट्रांसफर प्रोटोकॉल
(d) हाइपर टेक्स्ट ट्रांसफर प्रोटोकॉल

25. ई-मेल अटैचमेंट क्या होती है?

(a) ई-मेल संदेश के साथ भेजा गया किसी दूसरे प्रोग्राम से एक पश्थक् डॉक्यूमेंट
(b) CC या BCC प्राप्तकर्ताओं की सूची
(c) प्राप्तकर्ता द्वारा भेजी गई पावती
(d) किसी व्यक्ति द्वारा भेजा गया वायरस

26. कम्प्यूटर स्क्रीन का ऐसा आयताकार क्षेत्र, जो किसी दस्तावेज, प्रोग्राम अथवा संदेश को कंटेन कर सकता हो उसे __________ कहा जाता है।

(a) विण्डो (b) सेल
(c) ट्यूपलेट (d) फील्ड

27. एक बिलियन कैरक्टरों को निम्नलिखित में से कौन निरूपित करता है?

(a) बाइट (b) गीगाबाइट
(c) मेगाबाइट (d) किलोबाइट

28. निम्नलिखित में से किस मेनू प्रकार को ड्रॉप-डाउन मेनू भी कहते हैं?

(a) पुल-डाउन (b) पॉप-अप
(c) पॉप-डाउन (d) फ्लाई-डाउन

29. स्क्रीन पर वह तस्वीर क्या है, जो प्रोग्राम या फाइल जैसे किसी ऑब्जेक्ट को निरूपित करती है?

(a) पॉइंटर (b) स्पूल
(c) आइकन (d) पेज

30. माइक्रोप्रोसैसर चिप के उस एरिया को __________ भी कहते हैं, जिसका प्रयोग उन इन्स्ट्रक्शनों और डाटा को अस्थाई रूप से स्टोर करने के लिए किया जाता है सम्भवतः प्रोसैसर, जिनका प्रायः प्रयोग करेगा।

(a) CPU (b) फ्लैश
(c) कैच (d) बस

31. माउस या की-बोर्ड की सहायता से कम्प्यूटर __________ प्राप्त करता है।

(a) इनपुट (b) इन्सर्ट
(c) गाइड (d) इन्स्ट्रक्शन

32. यदि आप लोगों को नियमित रूप से पत्र भेजते हैं तो आप पत्र तैयार करने के लिए किस प्रकार के प्रोग्राम का प्रयोग करेंगे?

(a) सिस्टम सॉफ्टवेयर (b) यूटिलिटी सॉफ्टवेयर
(c) हार्डवेयर (d) एप्लिकेशन सॉफ्टवेयर

33. कम्प्यूटर साक्षर माने जाने के लिए निम्नलिखित में से किसकी आवश्यकता नहीं है?

(a) कम्प्यूटर के महत्व, बहुउपयोगिता और समाज में व्यापकता की जागरूकता
(b) एरल एप्लिकेशन का प्रयोग करते हुए कम्प्यूटरों से इंटरैक्ट करने की क्षमता
(c) कम्प्यूटर को निर्देश देने वाले अनुदेश लिखने की क्षमता
(d) इनमें से कोई नहीं

34. निम्नलिखित में से कौन-सी वह इनपुट डिवाइस है, जिसे प्रयोक्ता जब समतल सतह पर हिलाता है, तो वह उसी के अनुरूप स्क्रीन पर पॉइंटर को हिलाती है?

(a) स्कैनर (b) बार कोड रीडर
(c) आउस (d) की बोर्ड

35. डाटा ट्राँसमिशन की सबसे तेज स्पीड का निरूपण कौन करता है?

(a) बैडविड्थ (b) kbps
(c) bps (d) gbps

36. हार्डवेयर और सॉफ्टवेयर के उस कॉम्बीनेशन को क्या कहते हैं, जो कम्प्यूटरों के बीच कम्युनिकेशन और जानकारी का इलेक्ट्रॉनिक ट्रांसफर करने देता है?

(a) बैकअप सिस्टम (b) नेटवर्क
(c) पेरिफेरल (d) मोडम

37. कम्प्यूटर और फोन के बीच की भिन्नता का मिलान करने वाली डिवाइस कौन-से हैं?

(a) मोडम (b) LAN
(c) स्कैनर (d) बैड रीडर

38. ROM का पूर्णरूप क्या है?

(a) Random Only Memory
(b) Random Other Memory
(b) Readable Only Memory
(d) Read Only Memory

39. लॉजिक चिप का दूसरा नाम है-

(a) ROM (b) माइक्रोप्रोसैसर
(c) PROM (d) मेमोरी

40. 'O' और 'I' पर आधारित नम्बर सिस्टम को ------- कहते हैं।

(a) बाइनरी सिस्टम (b) नम्बर सिस्टम
(c) स्पेशल सिस्टम (d) हेक्साडेसियल सिस्टम

41. 3.5 इंच वाली फ्लॉपी डिस्क की क्षमता है-

(a) 1.45 MB (b) 1.40 MB
(c) 1.44 MB (d) 1.40 MB

42. निम्नलिखित में से कौन-सा कम्प्यूटर का अभिन्न हिस्सा नहीं है?

(a) माउस (b) मॉनिटर
(c) CPU (d) UPS

43. निम्नलिखित में से कौन CPU का (के) भाग नहीं हैं (हैं)?

(a) रजिस्टर (b) प्राइमरी स्टोरेज

(c) ALU (d) इनमें से कोई नहीं

44. 1968 में किस फ्रांसीसी गणितज्ञ की स्मृति में उसके नाम पर एक कम्प्यूटर भाषा का नामकरण किया गया?

(a) जॉन बारडेन (b) ब्लैज पास्कल

(c) ग्राह्म बेल (d) हर्मनल होलेरिथ

45. निम्नलिखित में से कम्प्यूटर से जुड़े किस व्यक्ति ने 'बिजनेस @ द स्पीड ऑफ थॉट' पुस्तक लिखी है?

(a) अजीम प्रेमजी (b) स्टीव पॉल जॉब्स

(c) बिलगेट्स (d) एन.आर. नारायणमूर्ति

46. बैंकों में पहली बार कम्प्यूटर पर आधारित 'आटोमेटेड टेलर मशीन' यानी 'एटीएम' का प्रयोग कब हुआ?

(a) 1974 में (b) 1970 में

(c) 1981 में (d) 1978 में

47. फोंट किसे कहते हैं?

(a) कम्प्यूटर का एक पुर्जा

(b) कम्प्यूटर का प्रिंटर

(c) कम्प्यूटर की एक भाषा

(d) कम्प्यूटर के अक्षर / अंकों का आकार

48. संकेतों का संग्रह, जो कि कम्प्यूटर को बताता है कि किसी विशेष काम को कैसे किया जाएगा, क्या कहलाता है?

(a) फाइल (b) प्रोग्राम

(c) आंकड़ा संगणना (d) सूचना

49. कम्प्यूटर की घड़ी की गति का मापक क्या है?

(a) मेगाहर्ट्ज और गीगाहर्ट्ज

(b) बिट्स और मैगाबिट्स

(c) नैनो सेकण्ड्स और पिकोसेकण्ड्स

(d) मैगाबाइट्स और गीगाबाइट्स

50. कम्प्यूटर कुंजी पठल पर लगी F_1, F_2, F_3 आदि कुंजियों पर लिखे 'एफ' का अर्थ निम्नलिखित में से क्या है?

(a) फंक्शन (b) फैक्स

(c) फील्ड (d) फार्मेट

सही और गलत

51. नॉर्मल व्यू, स्लाइड शॉर्टर व्यू और स्लाइड शो व्यू-पावर प्वॉइंट के ये तीन मुख्य व्यू हैं।

(a) सही (b) गलत

52. एमएस वर्ड में मिनी टूलबार फीचर उपलब्ध नहीं है।

(a) सही (b) गलत

53. कम्प्यूटर में इन्स्टॉल की गई डिक्शनरी का प्रयोग करके एमएस वर्ड के द्वारा किसी भी शब्द का एक भाषा से दूसरी भाषा में अनुवाद किया जा सकता है।

(a) सही (b) गलत

54. किसी भी डॉक्यूमेंट को क्लोज (बन्द) करने का अर्थ है वर्ड प्रोग्राम से बाहर निकलना।

(a) सही (b) गलत

55. कम्प्यूटर सॉफ्टवेयर, हार्डवेयर, इलैक्ट्रॉनिक्स, सेमीकन्डक्टर्स, इण्टरनेट, टेलीकॉम उपकरण आदि आई.टी. उद्योग के साथ नहीं जुड़े हैं।

(a) सही (b) गलत

56. कम्प्यूटर व कम्प्यूटर नेटवर्क की समानार्थी के रूप में सूचना प्रौद्योगिकी (Information Technology) को प्रयुक्त किया जाता है।

(a) सही (b) गलत

57. डिस्क ड्राइव में वायरस वाली फ्लॉपी को डालकर कम्प्यूटर बूट (स्टार्ट) करने से वायरस एक्टिवेट हो सकता है।

(a) सही (b) गलत

58. नेटवर्क के विस्तार के साथ ही ई-मेल व इण्टरनेट वायरस को फैलने से रोक रहा है।

(a) सही (b) गलत

59. कम्प्यूटर वायरस कुछ बाहरी स्रोत से प्राप्त प्रोग्राम का भाग होता है जो अपने आप कम्प्यूटर में आ जाता है।
(a) सही (b) गलत

60. कम्प्यूटर की दुनिया में कोई भी असंवैधानिक काम 'कम्प्यूटर क्राइम नहीं कहलाता।
(a) सही (b) गलत

61. कम्प्यूटर की सुरक्षा में सेंध अथवा चूक हमेशा अचानक रूप से होती है जबकि अन्य सुनियोजित ढंग से होती है।
(a) सही (b) गलत

62. डाटा का एक निश्चित क्रम अथवा व्यवस्थित रूप में संग्रह डाटाबेस कहलाता है।
(a) सही (b) गलत

63. ऑफिस 2010 के एप्लीकेशन जैसे वर्ड और एक्सल के साथ ही एक्सेस में यूजर इंटरफेस शामिल नहीं होता।
(a) सही (b) गलत

64. एक्सेस ऑब्जेक्ट की स्थिति में कोई बदलाव इंवेट कहलाता है।
(a) सही (b) गलत

65. डाटाबेस वह फाइल होती हैं जिसमें स्टोर किए डाटा से सम्बन्धित समस्त सामान्य ऑब्जेक्ट स्टोर किए जाते हैं।
(a) सही (b) गलत

66. एमएस एक्सेस के मुख्य ऑब्जेक्ट्स टेबल्स, क्वेरीज, फॉर्म्स रिर्पोट्स, डाटा एक्सेस पेज, मैक्रोज तथा मोड्यूल्स होते हैं।
(a) सही (b) गलत

67. नॉर्मल व्यू में एक ही समय में टेब पेन, स्लाइड पेन और नोट्स पेन को नहीं देखा जा सकता ।
(a) सही (b) गलत

68. एमएस पावर प्वाइंट में कोई भी व्यक्ति 25 एमएस की स्लाइड शो तैयार कर सकता है।
(a) सही (b) गलत

69. इण्टरनेट पर वर्चुअल प्रेजेन्टेशन को रन कराने की सुविधा एमएस पावर प्वॉइंट देता है।
(a) सही (b) गलत

70. पावर प्वॉइंट कम्प्यूटर से जुड़ी हुई प्रोजेक्शन डिवाइस का इस्तेमाल कर प्रेजेन्टेशन को तैयार करने की आजादी नहीं देता।
(a) सही (b) गलत

71. व्यू टैब के द्वारा नेवीगेशन पैन को 'हाइड एण्ड शो' नहीं किया जा सकता।
(a) सही (b) गलत

72. स्क्रॉल बार डाक्यूमेंट में ब्राउस करने की सुविधा देता है।
(a) सही (b) गलत

73. किसी भाषा में टाइप किए जा रहे मैटर के वाक्य-विन्यास की गड़बड़ी की जांच एमएस वर्ड नहीं कर पाता है।
(a) सही (b) गलत

74. अपनी पसंद के अनुसार टेम्पलेट तैयार कर, अपने हिसाब से कस्टमाइज करने की सुविधा माइक्रोसॉफ्ट वर्ड देता है।
(a) सही (b) गलत

75. माइक्रोसॉफ्ट वर्ड के फीचर्स के द्वारा डाक्यूमेंट में आसानी से बॉर्डर, शेड्स, टेबल, ग्राफिक्स, पिक्चर और वेब एड्रेस शामिल नहीं किए जा सकते।
(a) सही (b) गलत

76. हार्ड डिस्क और फ्लॉपी का status (वर्तमान हाल) पता करने के लिए **CHKDSK** का प्रयोग किया जाता है।
(a) सही (b) गलत

77. किसी फाइल को इस प्रकार छिपाने के लिए कि **DIR** कमाण्ड इसे स्क्रीन पर ही ना ला पाए, इसके लिए **ATTRIB** का प्रयोग नहीं किया जाता है।
(a) सही (b) गलत

78. फाइल के नाम के दो हिस्से होते हैं- प्राइमरी फाइल नेम, सैकंडरी फाइल नेम या एक्सटेंशन नाम।
(a) सही (b) गलत

79. एक फाइल की सहायता से MS-Dos को सूचना के एक संग्रह से दूसरे को पहचानने की क्षमता प्राप्त नहीं होती है।
(a) सही (b) गलत

80. कम्प्यूटर पर प्राइमरी यूनिट ऑफ स्टोरेज को फाइल कहा जाता है।
(a) सही (b) गलत

81. मेल में मैसेज टाइप करते समय Upper और Lower case letters का ही प्रयोग करना होता है।
(a) सही (b) गलत

82. एक टेक्स्ट मेल जिसमें कुछ अटैचमेंट हो, उसमें वायरस नहीं होता।
(a) सही (b) गलत

83. ई-मेल मैसेज लिखते समय मैसेज के विभिन्न हिस्सों जैसे FROM, TO, CC, BCC तथा Subject आदि के साथ काम करना पड़ता है।
(a) सही (b) गलत

84. अधिकतर मेल-यूजर अपने पहले और आखिरी नाम को जोड़कर यूजर नेम नहीं चुनते हैं।
(a) सही (b) गलत

85. ई-मेल एड्रेस में कोई कॉमा (Coma), खाली स्थान (Space) और ब्रैकिट का प्रयोग वर्जित है यद्यपि हाईफन और Underscores का प्रयोग किया जा सकता है।
(a) सही (b) गलत

86. जब आप अपना कोई ई-मेल एकाउंट खोलना चाहेंगे, सर्वर आपको यूजर नेम चुनने का मौका नहीं देगा।
(a) सही (b) गलत

87. माइक्रोसॉफ्ट इण्टरनेट एक्सप्रोलर को पूरी दुनिया में सबसे ज्यादा प्रयोग किया जाता है। माइक्रोसॉफ्ट द्वारा वर्ष 1995 में इसे माइक्रोसॉफ्ट के विन्डो ऑपरेटिंग सिस्टम के सर्पोटिव पैकेज के रूप में डेवलप किया गया था।
(a) सही (b) गलत

88. ओपेरा वेब ब्राउसर को ओपेरा सॉफ्टवेयर द्वारा वर्ष 1997 में डेवलप किया गया था।
(a) सही (b) गलत

89. Dos के सबसे अधिक प्रयुक्त होने वाले वर्जन PC & Dos व MS & Dos है।
(a) सही (b) गलत

90. नोटपैड जैसा टेक्स्ट एडिटर, वर्ड प्रोसेसर से बाद में बना था।
(a) सही (b) गलत

91. वर्ड प्रोसेसर, टेक्स्ट एडीटर जैसे सॉफ्टवेयर और अन्य सॉफ्टवेयर से अलग नहीं हो सकते।
(a) सही (b) गलत

92. वर्ड प्रोसेसिंग फंक्शंस में स्पेल चैकिंग, ग्रामर चैकिंग और थिसारस पर्यायवाची शब्दकोश शामिल है।
(a) सही (b) गलत

93. हार्ड डिस्क या फ्लॉपी डिस्क की प्रॉब्लम्स को सर्च करना, डिटेक्ट और करेक्ट कर, अनावश्यक फाइलों को हटाने का काम डिस्क स्कैनर करता है।
(a) सही (b) गलत

94. फाइल कंप्रेसन यूटीलिटी का प्रयोग फाइल का साइज बढ़ाने में होता है।
(a) सही (b) गलत

95. एक यूटीलिटी अनइंस्टालर कहलाती है जो एक एप्लीकेशन और आपके सिस्टम फाइल्स से इस एप्लीकेशन से जुड़ी फाइल एंट्रीज को रिमूव कर देती है।
(a) सही (b) गलत

96. जब आप कीबोर्ड की किसी 'की' को प्रेस करते हैं या माउस को हिलाते हैं तो स्क्रीन पर पहले की डिसप्ले इमेज लौटकर नहीं आती है।
(a) सही (b) गलत

97. **पोर्ट केबल को उपकरण से जोड़ने का काम करता है। केबल का एक छोर सिस्टम यूनिट पर लगे पोर्ट से जुड़ा होता है दूसरा छोर उपकरण पर लगे कनेक्टर से।**

(a) सही (b) गलत

98. **वीडियो कार्ड को डिसप्ले एडॉप्टर के नाम से जाना जाता है।**

(a) सही (b) गलत

99. **एक्सपेन्शन स्लॉट एक सॉकेट होता है जिसकी मदद से सर्किट बोर्ड को की-बोर्ड में लगाया जाता है।**

(a) सही (b) गलत

100. **इंक जैट प्रिन्टर की क्वालिटी इसकी रेजोल्यूशन या शार्पनेस और क्लेरिटी से मापी जाती है।**

(a) सही (b) गलत

उत्तरमाला

1. (b)	2. (b)	3. (d)	4. (a)	5. (c)	6. (b)	7. (d)	8. (c)	9. (b)	10. (d)
11. (c)	12. (a)	13. (b)	14. (a)	15. (d)	16. (c)	17. (d)	18. (c)	19. (a)	20. (b)
21. (c)	22. (a)	23. (a)	24. (d)	25. (a)	26. (b)	27. (b)	28. (a)	29. (c)	30. (c)
31. (a)	32. (d)	33. (d)	34. (c)	35. (d)	36. (b)	37. (a)	38. (a)	39. (b)	40. (a)
41. (c)	42. (d)	43. (d)	44. (b)	45. (c)	46. (a)	47. (d)	48. (b)	49. (c)	50. (a)
51. (a)	52. (b)	53. (a)	54. (b)	55. (b)	56. (a)	57. (a)	58. (b)	59. (a)	60. (b)
61. (b)	62. (a)	63. (b)	64. (a)	65. (b)	66. (a)	67. (b)	68. (b)	69. (a)	70. (b)
71. (b)	72. (a)	73. (b)	74. (a)	75. (b)	76. (a)	77. (b)	78. (a)	79. (b)	80. (a)
81. (a)	82. (b)	83. (a)	84. (b)	85. (a)	86. (b)	87. (a)	88. (b)	89. (a)	90. (b)
91. (b)	92. (a)	93. (a)	94. (b)	95. (a)	96. (b)	97. (a)	98. (b)	99. (b)	100. (a)

प्रैक्टिस टेस्ट पेपर-IX

1. **किन कीज़ से नम्बरों को तेजी से इनपुट किया जा सकता है?**
   (a) न्यूमैरिक की पैड (b) Ctrl, Shift और Alt
   (c) ऐरोकीज़ (d) फंक्शन कीज़
2. **टैब कुंजी (की) का प्रयोग किसलिए होता है?**
   (a) कर्सर को स्क्रीन पर नीचे ले जाने के लिए
   (b) कर्सर को स्क्रीन पर चलाने के लिए
   (c) पैराग्राफ इन्डेन्ट करने के लिए
   (d) b और c दोनों
3. **लाइन प्रिन्टर _________ का उदाहरण है-**
   (a) करैक्टर प्रिंटर (b) पेज प्रिन्टर
   (c) ड्रम प्रिंटर (d) लेजर प्रिन्टर
4. **VDU का संक्षिप्त रूप है-**
   (a) Visual Display Unit
   (b) Visual Display Union
   (c) Video Display Unit
   (d) Visual Device Union
5. **_________ 0 और 1 बिट के संकेतों को अनुवादित कर मानव के समझने योग्य भाषा में परिवर्तित कर प्रस्तुत करते हैं।**
   (a) की-बोर्ड (b) आउटपुट उपकरण
   (c) इनपुट उपकरण (d) b और c दोनों
6. **स्कैनर _________ स्कैन करता है।**
   (a) टेक्स्ट
   (b) पिक्चर्स
   (c) पिक्चर्स और टेक्स्ट दोनों
   (d) टेक्स्ट नहीं
7. **_________ एक माइक्रोप्रोसेसर आधारित कम्प्यूटिंग डिवाइस है।**
   (a) सर्वर (b) वर्कस्टेशन
   (c) मेनफ्रेम (d) पर्सनल कम्प्यूटर
8. **मेनफ्रेम या सुपर कम्प्यूटर को एक्सेस करने के लिए प्रयोक्ता प्रायः _________ का प्रयोग करते हैं।**
   (a) टर्मिनल (b) नोड
   (c) हैण्ड हेल्ड (d) डेस्कटॉप
9. **वैक्यूम ट्यूब का प्रयोग किस पीढ़ी के कम्प्यूटरों में किया जाता है?**
   (a) प्रथम (b) द्वितीय
   (c) तृतीय (d) चतुर्थ
10. **MS-Word में तैयार की गई फाइल के फाइलनेम में विस्तारक निम्नलिखित में से कौन-सा होता है?**
    (a) .com (b) .File
    (c) .in (d) .Doc
11. **किसी प्रोग्राम में वेरियेबल के कितने क्षेत्र होते हैं?**
    (a) दो (b) तीन
    (c) चार (d) पांच
12. **.bas, .dox और .htm का उदाहरण कौन-सा है?**
    (a) डोमेन (b) डाटाबेस
    (c) प्रोटोकॉल (d) एक्सटेंशन्स
13. **विभिन्न चौड़ाइयां और लम्बइयां वाले बार्स या लाइनों वाले कम्प्यूटर रीडेबल कोड _________ कहलाते हैं।**
    (a) बार कोड (b) OCR स्कैनर
    (c) ASCII कोर्ड (d) मैग्नेटिक टेप
14. **सभी वर्ड डॉक्यूमेन्ट्स के लिए डिफाल्ट फाइल एक्स्टेंशन क्या है?**
    (a) FIL (b) DOC
    (c) WRD (d) TXT

15. आपके कम्प्यूटर के हार्डडिस्क में वायरस के आने का सर्वाधिक सामान्य तरीका क्या है?

(a) मोबाइल फोन से कम्प्यूटर में पिक्चर्स अपलोड कर

(b) CDROMS से गेम्स इन्स्टॉल करके

(c) ई-मेल्स खोलकर

(d) ई-मेल भेजकर

16. निम्नलिखित में से कौन-सा एक प्रसिद्ध ऑपरेटिंग सिस्टम नहीं है?

(a) सन OS (b) लिनक्स

(c) वर्चुअल बॉक्स (d) विण्डोज विस्टा

17. केबलों के प्रयोग के बिना नेटवर्क को कनेक्ट करने वाले डिवाइस को _______ कहते हैं।

(a) ओपन सोर्स

(b) वायरलेस

(c) डिस्ट्रीब्यूटेड

(d) वायरलेस लेन (LAN)

18. बिलिंग अकाउंट का ट्रैक रखने के लिए किस प्रकार के सॉफ्टवेयर के प्रयोग किए जाने की सबसे ज्यादा सम्भावना है?

(a) इलेक्ट्रॉनिक पब्लिशिंग (b) स्प्रैडशीट

(c) वेब ऑथरिंग (d) वर्ड प्रोसेसिंग

19. बुनियादी कम्प्यूटर प्रोसैसिंग चक्र में _________ शामिल होते हैं

(a) इनपुट, प्रोसैसिंग ओर आउटपुट

(b) हार्डवेयर, सॉफ्टवेयर और स्टोरेज

(c) डाटा, सूचना और एप्लीकेशन

(d) सिस्टम और एप्लीकेशन

20. सुपर कम्प्यूटर -

(a) मेनफ्रेम कम्प्यूटरों से आकार और प्रोसैसिंग क्षमता में छोटे हैं

(b) लैपटॉप के ही आकार के होते हैं

(c) उनकी कम्प्यूटिंग क्षमता की कमी के कारण शोधकर्ताओं द्वारा विरले ही प्रयोग किए जाते हैं

(d) में हजारों माइक्रोप्रोसैसर होते हैं

21. वे कौन-सी डिवाइस हैं, जो जानकारी एंटर करती हैं और कम्प्यूटर के साथ कम्यूनिकेट करने देती हैं?

(a) इनपुट-आउटपुट डिवाइसें

(b) हार्डवेयर

(c) आउटपुट डिवाइसें

(d) इनपुट डिवाइसें

22. यदि आपका कम्प्यूटर खुद को रिबूट करता रहता है, तो सम्भावना है कि-

(a) इसमें प्रिंटर नहीं है

(b) इसमें वायरस है

(c) इसमें पर्याप्त मेमोरी नहीं है

(d) इनमें CD-ROM की आवश्यकता है

23. कोई डिवाइस जिन सभी करैक्टर्स का प्रयोग कर सकती है, उसे इसका _________ कहते हैं।

(a) कीबोर्ड करैक्टर्स (b) करैक्टर्स बोड्स

(c) स्क्लि सेट (d) करैक्टर सेट

24. फाइलों को ट्रांसफर करने और संदेशों को आदान-प्रदान करने के लिए किस यूटिलिटी का प्रयोग किया जाता है-

(a) ई-मेल (b) सर्च इंजिन

(c) WWW (d) वेब ब्राउजर्स

25. फर्मवेयर से हमारा तात्पर्य है-

(a) कम्प्यूटिंग प्रक्रिया में शामिल लोग

(b) कम्प्यूटर सिस्टम में प्रयुक्त भौतिक उपकरण

(c) प्रोग्रामों का सेट जो निर्माण के समय कम्प्यूटर को रीड ओनली मेमोरी में प्री-इन्स्टॉल किया जाता है

(d) अनुदेशों का वह सेट जिससे कम्प्यूटर एक या अधिक कार्य करता है

26. मदरबोर्ड में क्या रहता है, जो मदरबोर्ड पर CPU को दूसरे पुर्जों से जोड़ता है?

(a) ALU (b) सिस्टम बस

(c) प्राइमरी मेमोरी (d) इनपुट यूनिट

27. निम्नलिखित में से कौन-सा शब्द नेटवर्कों का सिर्फ एक संग्रह है जिसे एक साथ जोड़ा जा सकता है?

(a) वर्चुअल प्राइवेट नेटवर्क

(b) एक्स्ट्रानेट

(c) LAN

(d) इंटरनेट

28. निम्नलिखित में से कौन-सा इनपुट यूनिट से नहीं जुड़ता है?

(a) यह बाइनरी डाटा को मानव द्वारा पढ़े जाने वाले रूप में बदलता है जिसे प्रयोक्ता समझ सकते हैं।

(b) यह बाहरी दुनिया से द्वारा स्वीकार करता है

(c) यह आगे प्रोसैसिंग के लिए डाटा को बाइनरी रूप में कम्प्यूटर में भेजता है

(d) यह डाटा को बाइनरी कोड में बदलता है जिसे कम्प्यूटर समझता है

29. निम्नलिखित में से किस मेमोरी चिप की गति अधिक तेज है?

(a) DRAM

(b) SRAM

(c) DRAM बड़े चिप्स के लिए अधिक तेज है

(d) कोई निश्चितता नहीं है

30. प्रोसैसर के तीन मुख्य भाग हैं-

(a) ALU, कंट्रोल यूनिट और RAM

(b) ALU, कंट्रोल यूनिट और रजिस्टर

(c) RAM, ROM और CD-ROM

(d) कंट्रोल यूनिट, रजिस्टर और RAM

31. निम्नलिखित में से RAM का दूसरा सबसे बड़ा माप कौन-सा है-

(a) गीगा बाइट (b) मेगाहर्ट्ज

(c) टेराबाइट (d) बाइट

32. मूर्त, कम्प्यूटर का भौतिक उपकरण जिसे देखा और छूआ जा सकता है ____________ कहलाता है-

(a) स्टोरेज (b) हार्डवेयर

(c) इनपुट/आउटपुट (d) सॉफ्टवेयर

33. किसी डॉक्यूमेंट को एडिट करने के लिए, उसे बनाने के बाद बढ़ना और फिर __________

(a) इसे प्रिंट करना होता है।

(b) इसे डिलीट करना होता है।

(c) गलतियों को ठीक करना होता है।

(d) इसे सेव करना होता है।

34. निम्नलिखित में से कौन-सा एक वेब ब्राउजर है?

(a) पॉवर पॉइंट (b) फायर फॉक्स

(c) वर्ड (d) पेंट

35. हैकर्स -

(a) प्रयोक्ता का दूसरा नाम है

(b) सभी का एक ही उद्देश्य रहता है

(c) अन्य लोगों के कम्प्यूटरों में बिखरते/ब्रेक होते हैं

(d) ऐसे लोग हैं जिन्हें कम्प्यूटर्स से एलर्जी है

36. सीडी-आरडब्लू (CD-RW) डिस्क -

(a) एक प्रकार की ऑप्टिकल डिस्क है जिसे केवल एक ही बार लिखा जा सकता है

(b) इंटरनल डिस्क की तुलना में जल्द एक्सेस मिलता है

(c) फ्लॉपी डिस्क की तुलना में कम डाटा धारिता है

(d) आसानी से उपलब्ध नहीं है

37. पेशेवर डिजाइनर्स परिष्कृत दस्तावेजों का सृजन कर सकते हैं जिसमें पाठ/टेक्स्ट, ग्राफिक्स और बहुविध रंग शामिल है, __________ सॉफ्टवेयर का इस्तेमाल होता है-

(a) उदाहरण (b) पॉवर पॉइंट

(c) डेस्कटॉप पब्लिशिंग (DTP)

(d) इमेज एडिटिंग

38. ओरकल __________ एप्लिकेशन सॉफ्टवेयर का उदाहरण है।

(a) डेस्कटॉप (b) प्रोजेक्ट प्रबंधन

(c) वर्ड प्रोसेसिंग (d) डाटाबेस

39. आपको एप्लिकेशन सॉफ्टवेयर का आरम्भ करने हेतु ------ को अनुदेश चाहिए।

(a) मेमोरी (b) प्रयोक्ता

(c) ऑपरेटिंग प्रणाली (d) प्रोसेसर

40. संप्रेषण का उपकरण जो कम्प्यूटर को नेटवर्क एक्सेस करने की अनुमति देता है उसे ________ कार्ड कहा जाता है।

(a) नेटवर्क (b) मॉडेम
(c) वीडियो (d) साउंड

41. नया ________ प्रोसेसर, एकल चिप पर, प्रोसेसर, मेमोरी और वीडियो कार्ड के कार्य एकत्रित करता है।

(a) पॉवर प्रोसेसर (b) सिस्टम ऑन चिप
(c) माइक्रो प्रोसेसर (d) मल्टीमीडिया प्रोसेसर

42. सहज उठाने योग्य/पोर्टेबल व्यक्तिगत कम्प्यूटर, जो आपके लैप पर बिठाने योग्य हो उसे ________ कहा जाता है।

(a) सुपर कम्प्यूटर (b) डेस्कटॉप कम्प्यूटर
(c) नोटबुक कम्प्यूटर (d) हैन्डहेल्ड कम्प्यूटर

43. सर्वर से इंटरनेट पर कम्प्यूटर प्राप्त सूचना की प्रक्रिया को ______ के रूप में जाना जाता है।

(a) डाउनलोडिंग (b) पुशिंग
(c) पुलिंग (d) एक्विजिशन

44. वीडियो कॉन्फ्रेंसिंग के लिए माइक्रोफोन, स्पीकर्स और ________का आपके कम्प्यूटर से संलग्न होना जरूरी है।

(a) कुंजी पटल (b) वीडियो कैमरा
(c) स्कैनर (d) मोबाइल फोन

45. प्रतिवर्ष विश्वकम्प्यूटर साक्षरता दिवस कब मनाया जाता है?

(a) 1 जनवरी को (b) 21 जनवरी को
(c) 1 दिसम्बर को (d) 2 दिसम्बर को

46. "Centre for Development of Advanced Completing (C-DAC)" कहां स्थित है?

(a) पुणे में (b) मुम्बई में
(c) बंगलुरू में (d) हैदराबाद में

47. अमेरिका के कई गोपनीय दस्तावेजों का खुलासा करने वाली जूलियन असांजे की वेबसाइट है-

(a) गूगल प्लस (b) तहलका डॉट कॉम
(c) एमएसएन (d) विकिलीक्स

48. विश्व का सबसे तेज सुपर कम्प्यूटर है-

(a) चीनी सुपर कम्प्यूटर 'तिहाने-1ए'
(b) जापानी सुपर कम्प्यूटर 'के'
(c) अमेरिकी सुपर कम्प्यूटर 'रोड रनर'
(d) भारतीय सुपर कम्प्यूटर 'सागा-220'

49. वेब पेज की भाषा होती है-

(a) पास्कल (b) एचटीएमएल
(c) अंग्रेजी (d) कोई भी भाषा

50. कम्प्यूटर -

1. आंकड़ों के भण्डारण वाली एक सक्षम डिवाइस है
2. आंकड़ों के विश्लेषण करने के लिए सक्षम है
3. पूर्ण गोपनीयता बनाए रखने में समक्षम है
4. कभी-कभी वायरस द्वारा आक्रमित होता है

नीचे दिए गए कूट में से सही उत्तर का चयन कीजिए-

(a) केवल 1 (b) 1 और 2
(c) 1, 2 और 3 (d) 1, 2 और 4

सही और गलत

51. जो व्यक्ति कम्पयूटर या नेटवर्क को अवैध रूप से एक्सेस करने का प्रयास करता है, उसे हैकर कहा जाता है।

(a) सही (b) गलत

52. रोजाना तकरीबन छह नए वायरस के साथ लाखों-करोड़ों वायरस कम्प्यूटर की दुनिया में मौजूद हैं।

(a) सही (b) गलत

53. मैक्रो वायरस किसी भी एप्लीकेशन की मैक्रो लैंग्वेज का इस्तेमाल नहीं करता है।

(a) सही (b) गलत

54. रिबन टैब्स का ग्रुप होता है और हर टैब में उससे सम्बन्धित कमाण्ड होती है।

(a) सही (b) गलत

55. वर्ड 2010 में फाइल टैब मुख्य टैब नहीं होता है।

(a) सही (b) गलत

56. ऑपरेटिंग सिस्टम यूजर व कम्प्यूटर सिस्टम के बीच एक इण्टरफेस है।
(a) सही (b) गलत

57. DOS कभी भी लोकप्रिय ऑपरेटिंग सिस्टम नहीं था।
(a) सही (b) गलत

58. इलेक्ट्रानिक कॉमर्स (ई-कॉमर्स) को ई-बिजनेस भी कहा जाता है।
(a) सही (b) गलत

59. सर्विस प्रोवाइडर सभी प्राप्त मैसेज को तहस-नहस कर डालता है जब तक कि वह रीट्रीव या स्वीकार न कर ली जाएं।
(a) सही (b) गलत

60. एक टेक्स्ट मेल जिसमें कुछ अैटचमेंट हो, उसमें वायरस नहीं होता है।
(a) सही (b) गलत

61. यदि कोई बड़ा मैसेज कैपिटल लैटर्स में इमेल के द्वारा किसी को भेजा जाए तो उसको पढ़ने में मुश्किल होती है व चिड़चिड़ापन नहीं होता। इसको **Shouting** कहते है।
(a) सही (b) गलत

62. BCC का पूरा नाम **Blind Carbon Copy** है।
(a) सही (b) गलत

63. एक ई-मेल एड्रेस में दो हिस्से होते हैं जो @ (at) चिन्ह से अलग होते हैं।
(a) सही (b) गलत

64. पॉप-अप-एड एक छोटा-सा विज्ञापन होता है जो करेंट विन्डो पर कोने में अलग से ब्राउसर विन्डो ओपन कर या सबसे ऊपर डिस्प्ले होकर वेब ब्राउसिंग को डिस्टर्ब नहीं करता है।
(a) सही (b) गलत

65. स्पाइवेयर एक सॉफ्टवेयर प्रोग्राम है जो कम्प्यूटर पर बिना जानकारी के इंस्टॉल होकर डाटा डिलीट कर सकता है, पासवर्ड चोरी करके वेब ब्राउसर का नियन्त्रण अपने हाथ में ले सकता है।
(a) सही (b) गलत

66. सिक्योर वैब पेजेज द्वारा सम्वेदनशील सूचनाएँ भेजना खतरे से खाली नहीं है।
(a) सही (b) गलत

67. ओपेरा वेब ब्राउसर को ओपेरा सॉफ्टवेयर द्वारा वर्ष 1996 में विकसित किया गया था।
(a) सही (b) गलत

68. डाटा या आँकड़ों इत्यादि का सम्प्रेषण करने के लिए प्रेषित (Sending) और स्वीकार करने (Receving) वाले कम्प्यूटरों में मोडेम का होना जरूरी नहीं है।
(a) सही (b) गलत

69. मोडेम शब्द का निर्माण अंग्रेजी के दो शब्दों **Modulate** और **Demodulate** से हुआ है।
(a) सही (b) गलत

70. आई.एस.पी. का पूरा नाम इण्टरनेट सर्विस प्रॉफिट है।
(a) सही (b) गलत

71. डोमेन नेम सिस्टम (DNS) वह सिस्टम है जो इण्टरनेट पर डोमेन नेम और उनसे सम्बन्धित आइपी एड्रेस स्टोर नहीं रखता है।
(a) सही (b) गलत

72. इण्टरनेट के विभिन्न क्षेत्रों के लिए मानक और गाइडलाइन तय करने और रिसर्च करने वाला समूह वर्ल्ड वाइड वेब कनसोर्टियम (WBC) कहलाता है।
(a) सही (b) गलत

73. इण्टरनेट पर हर संस्था केवल अपने नेटवर्क को मेन्टेन करने के लिए जिम्मेदार नहीं होती है।
(a) सही (b) गलत

74. अवांछित यूजर्स को एक्सेस से रोकने के लिए कम्पनियां अपने इंटरनेट और एक्सट्रानेट में फायरवॉल का इस्तेमाल करती हैं।
(a) सही (b) गलत

75. टोकन रिंग LAN टेक्नोलॉजी का एक प्रकार है जो अक्सर बड़े संस्थानों जैसे बैंक और बीमा कम्पनी में नहीं पाया जाता है।
(a) सही (b) गलत

76. TCP (ट्रॉसमिशन कंट्रोल प्रोटोकॉल) इण्टरनेट प्रोटोकॉल डाटा को छोटे पैकेट में तोड़ देता है।

(a) सही (b) गलत

77. ईथरनेट एक नेटवर्क के जरिए सूचनाएँ ट्रांसफर करने का सबसे लोकप्रिय और सबसे अधिक खर्चीला साधन है।

(a) सही (b) गलत

78. एक नेटवर्क में शामिल प्रत्येक कम्प्यूटर हार्डवेयर को एक्सेस करके उसका इस्तेमाल नहीं कर सकते।

(a) सही (b) गलत

79. असेम्बली लैंग्वेज कोड वाले प्रोग्राम सोर्स प्रोग्राम कहलाते हैं।

(a) सही (b) गलत

80. बाइनरी डिजिट्स कम्प्यूटर की इलैक्ट्रिकल स्थिति को ऑन व ऑफ नहीं करती है।

(a) सही (b) गलत

81. लो-लेवल लैंग्वेजेज एक खास प्रकार के कम्प्यूटर को चलाने के लिए राइट की जाती हैं।

(a) सही (b) गलत

82. PDLC की फुल फॉर्म प्रोग्राम डेवलपमेंट लॉजिकल साइकिल है।

(a) सही (b) गलत

83. फ्लॉपी डिस्क स्टोरेज डिवाइस होती है। इन्हें फ्लॉपीज या डिस्केटीज नहीं कहा जाता है

(a) सही (b) गलत

84. कम्प्यूटर में पावर सप्लाई आल्टरनेटिव करंट को डायरेक्ट करंट में बदलने का काम करती है।

(a) सही (b) गलत

85. एक्सपेन्शन स्लॉट एक सॉकेट होता है जिसकी मदद से सर्किट बोर्ड को कीबोर्ड में लगाया जाता है।

(a) सही (b) गलत

86. कागज पर हाई क्वालिटी इमेज निकालने के फोटोकॉपियर मशीन की तरह काम करने वाले हाई स्पीड प्रिंटर को लेजर प्रिंटर कहते हैं।

(a) सही (b) गलत

87. F1 से लेकर F2 तक की बारह कुँजियां (कीज) स्पेशल कुँजियां कहलाती हैं।

(a) सही (b) गलत

88. सेन्ट्रल प्रोसेसिंग यूनिट, इण्टरनल मैमोरी, एक्सटरनल मैमोरी, इनपुट यूनिट, आउटपुट यूनिट आदि हार्डवेयर अवयव हैं।

(a) सही (b) गलत

89. पर्सनल कम्प्यूटरों को आईबीएम कम्पैटेबल कम्प्यूटर कहा जाता है।

(a) सही (b) गलत

90. स्मार्टफोन में इण्टरनेट की सुविधा होती है लेकिन पर्सनल इन्फॉरमेशन मैनेजमेंट (पीआईएम) फंक्शन जैसे कैलेण्डर, अप्वॉइंटमेंट बुक, कैलकुलेटर, एड्रेस बुक व नोटबुक नहीं होते हैं।

(a) सही (b) गलत

91. आकार के आधार पर कम्प्यूटरों को पाँच भागों-माइक्रोकम्प्यूटर, पर्सनल कम्प्यूटर, मिनी कम्प्यूटर, मेनफ्रेम कम्प्यूटर, सुपर कम्प्यूटर में विभाजित किया जा सकता है।

(a) सही (b) गलत

92. एनॉलॉग कम्प्यूटर दाब, लम्बाई, तापमान आदि भौतिक राशियों को मापकर उन्हें संख्यावाचक मान में नहीं बदलते हैं।

(a) सही (b) गलत

93. जब किसी कम्प्यूटर की मैमोरी की बात आती है तो सामान्यत: उसका मतलब रैम से होता है।

(a) सही (b) गलत

94. मदरबोर्ड में कई तरह की चिप्स लगी होती हैं जिनमें प्रोसेसर या सेन्ट्रल प्रोसेसिंग यूनिट मुख्य नहीं हैं।

(a) सही (b) गलत

95. अभी तक कम्प्यूटर की पाँच पीढ़ियाँ विकसित की जा चुकी हैं।

(a) सही (b) गलत

96. डाटा को इधर-उधर पहुँचाने का रूप इन्फॉरमेशन नहीं है।

(a) सही (b) गलत

97. कम्प्यूटर विज्ञान का विकास मुख्यतः प्रथम विश्व-युद्ध (1939–1945) के दौरान हुआ।

(a) सही (b) गलत

98. 1880 में हर्मन हॉलेरिथ ने पंच कार्ड का उपयोग करने वाली टेबुलेटिंग मशीन का आविष्कार किया।

(a) सही (b) गलत

99. एक स्वचालित कैलकुलेटर या कम्प्यूटर का निर्माण 1832 में चार्ल्स बैबेज द्वारा किया गया।

(a) सही (b) गलत

100. कम्प्यूटर शब्द की उत्पत्ति अंग्रेजी शब्द 'कम्प्यूटर' से हुई है जिसका अर्थ है 'अधि कलन या गणना करना'।

(a) सही (b) गलत

उत्तरमाला

1. (a)	**2.** (c)	**3.** (c)	**4.** (a)	**5.** (b)	**6.** (c)	**7.** (d)	**8.** (b)	**9.** (a)	**10.** (d)
11. (a)	**12.** (d)	**13.** (a)	**14.** (b)	**15.** (c)	**16.** (c)	**17.** (b)	**18.** (d)	**19.** (b)	**20.** (d)
21. (a)	**22.** (b)	**23.** (d)	**24.** (a)	**25.** (c)	**26.** (b)	**27.** (d)	**28. (a)**	**29.** (b)	**30.** (b)
31. (c)	**32.** (b)	**33. (d)**	**34. (b)**	**35.** (c)	**36.** (d)	**37.** (c)	**38.** (d)	**39.** (c)	**40.** (a)
41. (b)	**42.** (d)	**43.** (a)	**44.** (b)	**45.** (d)	**46.** (a)	**47.** (d)	**48.** (b)	**49.** (b)	**50.** (d)
51. (b)	**52.** (a)	**53.** (b)	**54.** (a)	**55.** (b)	**56.** (a)	**57.** (b)	**58.** (a)	**59.** (b)	**60.** (b)
61. (b)	**62.** (a)	**63.** (a)	**64.** (b)	**65.** (a)	**66.** (b)	**67.** (a)	**68.** (b)	**69.** (a)	**70.** (b)
71. (b)	**72.** (a)	**73.** (b)	**74.** (a)	**75.** (b)	**76.** (a)	**77.** (b)	**78.** (b)	**79.** (a)	**80.** (b)
81. (a)	**82.** (b)	**83.** (b)	**84.** (a)	**85.** (b)	**86.** (a)	**87.** (a)	**88.** (b)	**89.** (a)	**90.** (b)
91. (a)	**92.** (b)	**93.** (a)	**94.** (b)	**95.** (a)	**96.** (b)	**97.** (b)	**98.** (a)	**99.** (b)	**100.** (a)

प्रैक्टिस टेस्ट पेपर-X

1. केबलों के प्रयोग के बिना नेटवर्क को कनेक्ट करने वाले डिवाइस को ----- कहते हैं।
   (a) सेन्ट्रलाइज्ड (b) ओपन सोर्स
   (c) वायरलेस (d) डिस्ट्रिब्यूटेड
2. निम्नलिखित में से कौन-सा एक वेब-ब्राउजर है?
   (a) फायर फॉक्स (b) वर्ड
   (c) पेन्ट (d) पावर प्वॉइंट
3. चैट क्या है?
   (a) एक इंटरनेट स्टैण्डर्ड है जो यूजर को फाइल्स अपलोड और डाउनलोड करने देता है
   (b) टाइप्ड कन्वर्सेशन जो कम्प्यूटर पर होता है
   (c) कम्प्यूटर नेटवर्क के माध्यम से संदेशों और फाइलों का ट्रांसमिशन
   (d) एक ऑनलाइन एरिया जिसमें यूजर किसी विशेष विषय पर लिखित रूप से चर्चा करते हैं
4. अनसॉलिसिटेड ई-मेल को क्या कहते हैं?
   (a) फ्लेमिंग (b) बैकबोन
   (c) यूजनेट (d) न्यूजग्रुप
5. मॉडेम किसके साथ कनेक्ट किया जाता है?
   (a) प्रिन्टर (b) प्रोसेसर
   (c) मदरबोर्ड (d) फोन लाइन
6. किसी स्त्रोत से इंफॉर्मेशन लेकर अपने कम्प्यूटर में लाने को __________ कहते हैं।
   (a) डाउनलोड (b) ट्रांसफर
   (c) मेव (d) अपलोड
7. ई-मेल विभिन्न ई-मेल खातों को किसके माध्यम से भेजी जाती हैं?
   (a) ब्राउजर (b) वेब सर्वर
   (c) ई-मेल सर्वर (d) ये सभी
8. किसी नेटवर्क पर ऑन-लाइन लिखित वार्तालाप को क्या कहा जाता है?
   (a) सर्फिंग (b) चैटिंग
   (c) टैक्स्टफोन (d) ई-मेल
9. उस सॉफ्टवेयर का क्या नाम है जिसकी सहायता से आप इन्टरनेट पर उपलब्ध वेबसाइटों को खोल सकते हैं?
   (a) ब्राउजर (b) एफटीपी
   (c) सर्वर (d) इंटरनेट
10. ऐसा स्थान जहां पर फाइलों को भविष्य में आवश्यकता न होने पर उन्हें स्थानांतरित किया जा सकता है-
   (a) टास्क बार (b) सिस्टम ट्रे
   (c) रिसाइकल बिन (d) टूलबार
11. इंटरनेट के लिए निम्नलिखित में से कौन-सा माध्यम अनिवार्य नहीं है?
   (a) हब (b) टेलीफोन लाइन
   (c) मॉडेम (d) कम्प्यूटर
12. TCP का पूरा नाम है-
   (a) ट्रांसमिशन कंट्रोल प्रोटोकॉल
   (b) ट्रांसमिशन कॉल प्रोटोकॉल
   (c) ट्रांसमिशन सर्किट प्रोटोकॉल
   (d) टोटल कॉल प्रोटोकॉल
13. संचार के उद्देश्य से कम्प्यूटर में प्रयुक्त किया जाता है-
   (a) भाषा (b) सर्फिंग
   (c) मॉडेम (d) सॉफ्टवेयर
14. वेबसाइट को Access करने पर सर्वप्रथम खुलने वाले पेज को कहते हैं-
   (a) Grand Page (b) Master Page
   (c) First Page (d) Home Page
15. निम्नलिखित में से कौन-सा कथन सही है?
   (a) Internet एक Information Network है
   (b) इंटरनेट में केवल एक ही नेटवर्क प्रयुक्त होता है
   (c) सिम्बल टेक्स्ट को हाइपरलिंक कहते हैं
   (d) इंटरनेट से जुड़ा कोई कम्प्यूटर किसी अन्य कम्प्यूटर से जुड़ सकता है

16. **वेबसाइट में प्रयुक्त Address को कहा जाता है-**
   (a) URL (b) Time Stamp
   (c) User ID (d) ये सभी

17. **स्थायी तौर पर जुड़े दो या दो से अधिक प्वॉइंट के बीच सर्किट को कहते हैं-**
   (a) स्विच्ड चैनल (b) टैम्परेरी चैनल
   (c) प्राइवेट लीज लाइन (d) परमानेंट चैनल

18. **जिस तरह लोग मैथेमेटिकली सोचते हैं उसे ________ लैंग्वेज कहते हैं।**
   (a) क्रॉस्प्लेटफार्म प्रोग्रामिंग
   (b) फंक्शनल
   (c) इवेन्ट-ड्रिवेन प्रोग्रामिंग
   (d) 3 GL बिजनेस प्रोग्रामिंग

19. **नियमों के उस सेट को ________ कहते हैं जो कम्प्यूटर को बताता है कि क्या ऑपरेशन करना है।**
   (a) नेचुरल लैंग्वेज (b) कमाण्ड लैंग्वेज
   (c) प्रोग्रामिंग लैंग्वेज (d) प्रोसीजरल लैंग्वेज

20. **________ ऐसे शब्द हैं जिन्हें प्रोग्रामिंग लैंग्वेज ने अपने प्रयोग हेतु अलग रखा है।**
   (a) रिजर्व्ड वर्ड्स (b) रिजर्व्ड कीज़
   (c) कंट्रोल वर्ड्स (d) कंट्रोल स्ट्रक्चर्स

21. **फोरट्रॉन एक ऐसी प्रोग्रामिंग भाषा है, जिसमें ________ कार्यों हेतु प्रोग्राम लिखे जाते हैं-**
   (a) मनोरंजन (b) वैज्ञानिक
   (c) चिकित्सा (d) प्रकाशन

22. **वर्तमान में प्रयोग की जा रही टिपिकल कम्प्यूटर प्रोग्रामिंग भाषाओं में ये सभी शामिल हैं सिवाय**
   (a) विजुअल बेसिक NET
   (b) C++
   (c) मशीन लैंग्वेज
   (d) जावा

23. **किसी कार्य को पूर्ण करने की क्रमिक पद्धति का समूह जाना जाता है-**
   (a) एल्गोरिथम (b) सॉफ्टवेयर बग
   (c) फर्मवेयर प्रोग्राम (d) हार्डवेयर प्रोग्राम

24. **जो व्यक्ति कम्प्यूटर प्रोग्राम लिखता और टेस्ट करता है, उसे ________ कहते हैं।**
   (a) सॉफ्टवेयर इंजीनियर (b) प्रोजेक्ट डेवलपर
   (c) कम्प्यूटर साइंटिस्ट (d) प्रोग्रामर

25. **एक पृष्ठ पर पूरा फ्लोचार्ट न आने पर उसे दूसरे पृष्ठ के साथ किस आकृति के संयोजक द्वारा जोड़ा जाता है?**
   (a) ओवल (b) तीर
   (c) अण्डाकार (d) वृत्त

26. **कम्प्यूटर संक्षेप KB का सामान्यतः पूरा रूप क्या होता है?**
   (a) Key Byte (b) Kit Bit
   (c) Kilo Byte (d) Key Block

27. **डाटा स्टोर करने और परिकलन के लिए कम्प्यूटर ______ नम्बर सिस्टम का उपयोग करते हैं।**
   (a) डेसीमल (b) हेक्सा-डेसीमल
   (c) ऑक्टल (d) बाइनरी

28. **डाटा रिप्रजेंटेशन ---- संख्या पद्धति पर आधारित है, जिसका सम्पूर्ण डाटा दो संख्याओं से प्रदर्शित किया जाता है।**
   (a) बाइनरी (b) मेगाबाइट
   (c) बाइट (d) दशमलव

29. **____ में लगभग एक बिलियन बाइट्स होती है।**
   (a) गीगाबाइट (b) किलोबाइट
   (c) टेराबाइट (d) मेगाबाइट

30. **गणना और तुलना के लिए कम्प्यूटर के किस भाग का प्रयोग किया जाता है?**
   (a) मोडेम (b) कन्ट्रोल यूनिट
   (c) ALU (d) डिस्क यूनिट

31. **________ प्रोग्रामों का एक सेट है जो कम्प्यूटर के संसाधनों को प्रबंधित करने के लिए डिजाइन किया गया है और जिसमें कम्प्यूटर शुरू करना, प्रोग्रामों को मैनेज करना, मेमोरी को मैनेज करना और इनपुट तथा आउटपुट डिवाइसों के बीच के कार्यों का समन्वय करना शामिल है।**
   (a) ऑपरेटिंग सिस्टम
   (b) इनपुट/आउटपुट सिस्टम
   (c) कम्पाइलर
   (d) इन्टरफेस

32. स्टोरेज मीडिया के रूप में CD-ROM का लाभ निम्न में से कौन-सा है?

(a) CD-ROM मैग्नेटिक मीडिया की तुलना में कम त्रुटियां करता है।

(b) CD-ROM विशाल मात्रा में डाटा व सूचना को स्टोर करने का सस्ता वाला तरीका है

(c) CD-ROM डिस्क डाटा और सूचना को मैग्नेटिक डिस्क की तुलना में जल्दी रिट्रीव करती है

(d) a, b और c तीनों

33. डाटा/जानकारी को स्टोर करने के लिए निम्न में से कौन-सी स्टोरेज डिवाइस कड़ी स्थायी रूप से स्थापित मैग्नेटिक डिस्कों का प्रयोग करती है?

(a) हार्ड डिस्क (b) पर्मानेंट

(c) ऑप्टिकल डिस्क (d) फ्लॉपी डिस्क

34. DVD .... का एक उदाहरण है।

(a) हार्ड डिस्क

(b) ऑप्टिकल डिस्क

(c) सॉलिड-स्टेट स्टोरेज डिवाइस

(d) आउटपुट डिवाइस

35. रियूजेबल ऑप्टिकल स्टोरेज का विशिष्ट एफ्रोनिम __________ होगा।

(a) ROS (b) ROM

(c) RW (d) DVD

36. डिस्क कन्टेन्ड जो मैन्युफेक्चर के समय रिकार्ड किया जाता है और जिसे यूजर द्वारा चेंज या इरेज नहीं किया जा सकता है।

(a) वन्स-ऑनली (b) रन-ऑनली

(c) मेमोरी-ऑनली (d) रीड-ऑनली

37. हार्डवेयर में क्या शामिल होता है?

(a) सेन्ट्रल प्रोसेसिंग यूनिट, मेमोरी और स्टोरेज सहित इन्फॉर्मेशन प्रोसेसिंग संबंधी सभी साधन

(b) डाटा इनपुट और आउटपुट करने के लिए प्रयुक्त कम्प्यूटर और उससे कनेक्टेड सभी साधन

(c) कम्प्यूटर में डाटा इनपुट करने के लिए प्रयुक्त सभी साधन

(d) इन्स्ट्रक्शन के सेट जो कम्प्यूटर रन या एक्जेक्यूट करता है।

38. रिमूवेबल मीडिया में सभी शामिल होते हैं सिवाय-

(a) DVDs (b) हार्ड डिस्क ड्राइव

(c) डिस्केट (d) CD-ROMs

39. CD-ROM और CD-RW में क्या अन्तर है?

(a) CD-ROM को राइट किया जा सकता है, CD-RW को नहीं

(b) CD-RW में राइट किया जा सकता है, लेकिन CD-ROM से केवल रीड किया जा सकता है

(c) CD-ROM में CD-RW से अधिक सूचना होती है

(d) ये दोनों एक ही हैं - केवल विभिन्न निर्माताओं ने भिन्न नाम दिए हैं

40. टेप ड्राइव डाटा को _______ एक्सेस देता है।

(a) सीक्वेंशियल (b) रैण्डम

(c) टाइमली (d) स्पोरैडिक

41. ऑपरेटिंग सिस्टम अत्यधिक कॉमन टाइप का __________ सॉफ्टवेयर है।

(a) सिस्टम (b) वर्ड प्रोसेसिंग

(c) एप्लिकेशन (d) कम्युनिकेशन

42. __________ में लिखे गए प्रोग्राम को ट्रांसलेट करने के लिए कम्पाइलर का प्रयोग होता है।

(a) उच्च स्तरीय लैंग्वेज (b) एसेम्बली लैंग्वेज

(c) मशीन लैंग्वेज (d) निम्नस्तरीय लैंग्वेज

43. कम्प्यूटर में डिस्क कहां रखी जाती है?

(a) CPU में (b) डिस्क ड्राइव में

(c) हार्ड ड्राइव में (d) मोडेम में

44. ऐसे एप्लीकेशन्स के लिए मैग्नेटिक टेप प्रैक्टिकल नहीं है जिनमें डाटा शीघ्र रिकॉल किया जाता है, क्योंकि टेप

(a) रीड ओनली मीडियम

(b) महंगा स्टोरेज मीडियम

(c) सिक्वेंशियल एक्सेस मीडियम

(d) फ्रेजाइल और डैमेज्ड

45. अनुदेशों के उस सेट को क्या कहते हैं, जो बताता है कि कम्प्यूटर को क्या करना है?

(a) कम्पाइलर (b) प्रोग्राम

(c) मेंटर (d) इन्स्ट्रक्टर

46. जब आप मैटर सेव करते हों तब कम्प्यूटर बंद करने पर भी आपका डाटा यथावत् रहेगा।
(a) सेकेण्डरी स्टोरेज डिवाइस
(b) मदरबोर्ड
(c) प्राइमरी स्टोरेज डिवाइस
(d) RAM

47. जो व्यक्ति कम्प्यूटर इनपुट के लिए अपने हाथों का प्रयोग नहीं कर पाते उनकी सहायता कौन-सा सॉफ्टवेयर कर सकता है?
(a) ऑडियो डिजिटाइजर (b) सिंथेसाइजर
(c) स्पीच रिकोग्नीशन (d) वीडियो कॉन्फ्रेंसिंग

48. प्रोग्राम के टेस्ट रिजल्ट और प्रिंटआउट के साथ-साथ प्रोग्रामिंग चक्र और प्रोग्राम का विस्तृत लिखित विवरण _________ कहलाता है।
(a) रिपोर्टिंग (b) स्प्रैड शीट
(c) डॉक्यूमेंटेशन (d) डायरेक्ट्री

49. इनमें से कौन-सा प्वॉइंट-एण्ड-डॉ डिवाइस है?
(a) CD-RM (b) स्कैनर
(c) प्रिंटर (d) माउस

50. _________ के माध्यम से कम्प्यूटर सिस्टम में टेक्स्ट और न्यूमैरिकल डाटा एंटर करने की पद्धति सर्वाधिक कॉमन है।
(a) की-बोर्ड (b) प्रिन्टर
(c) प्लॉटर (d) स्कैनर

सही और गलत

51. एक गीगाबाइट लगभग एक बिलियन बाइट्स के समान होती है।
(a) सही (b) गलत

52. एक मेगाबाइट लगभग एक मिलियन बाइट्स के समान होती है।
(a) सही (b) गलत

53. कम्प्यूटर के सभी हार्डवेयर हिस्सों को छूआ जा सकता है।
(a) सही (b) गलत

54. स्कैनर इनपुट डिवाइस का एक उदाहरण है।
(a) सही (b) गलत

55. वर्ड प्रोसेसिंग, स्प्रेडशीट और फोटो एडिटिंग सिस्टम सॉफ्टवेयर के उदाहरण हैं।
(a) सही (b) गलत

56. कई बिजनेस क्षेत्रों में अपेक्षाकृत छोटे और कम महँगे पीसी-बेस्ड सर्वर मेनफ्रेम का स्थान ले रहे हैं।
(a) सही (b) गलत

57. अर्थमैटिक/लॉजिक यूनिट व कंट्रोल यूनिट सीपीयू में सम्मिलित हैं।
(a) सही (b) गलत

58. सीपीयू और मैमोरी मदरबोर्ड में स्थित होती हैं।
(a) सही (b) गलत

59. एप्पल मैकिन्टोश (**Macintoshes-Macs**) व पीसी डाटा प्रोसेसिंग व विभिन्न ऑपरेटिंग सिस्टम के लिए अलग-अलग भाषाओं का प्रयोग करते हैं।
(a) सही (b) गलत

60. गीगाबाइट लगभग एक ट्रिलियन बाइट्स के समान है।
(a) सही (b) गलत

61. डीएसएल स्लो कनैक्शन का एक उदाहरण है।
(a) सही (b) गलत

62. कम्प्यूटर द्वारा प्रोसेस किया गया डाटा केवल व्यापारिक क्षेत्रों में उपयोगी होता है।
(a) सही (b) गलत

63. एक्सपेंशन कार्ड एक सर्किट बोर्ड है जिसे एक एक्सपेंशन स्लॉट में इन्सर्ट किया जा सकता है।
(a) सही (b) गलत

64. दो बिट्स एक बाइट के बराबर है।
(a) सही (b) गलत

65. एक बाइट एक किलोबाइट डाटा को रख सकता है।
(a) सही (b) गलत

66. ऑपरेटिंग सिस्टम एप्लीकेशन सॉफ्टवेयर का सबसे अधिक प्रचलित प्रकार है।
(a) सही (b) गलत

67. वेब टास्क को सर्फ करना पीडीए (PDA) द्वारा हैंडल किया जा सकता है।
(a) सही (b) गलत

68. सिस्टम बस कनेक्टर का एक प्रकार है।
(a) सही (b) गलत

69. यूएसबी (USB) कम्प्यूटर के कनेक्टिंग डिवाइस का सबसे अधिक प्रचलित साधन है।
(a) सही (b) गलत

70. सॉफ्टवेयर की दो ब्रॉड कैटेगिरी सिस्टम और एप्लीकेशन हैं।
(a) सही (b) गलत

71. पेरोल (Payroll) एप्लीकेशन सॉफ्टवेयर का प्रकार है।
(a) सही (b) गलत

72. कम्प्यूटर ऑपरेटर जो कार्य करते हैं, 'की पंच' ऑपरेटर का काम भी ऑपरेशनल तौर पर समान है।
(a) सही (b) गलत

73. एक हैंडरिटन एप्लीकेशन सोर्स डॉक्यूमेंट का उदाहरण है।
(a) सही (b) गलत

74. IrDA पोर्ट एक ऐसी वायरलैस डिवाइस है जो आवश्यक रूप से उसी प्रकार कार्य करता है जिस प्रकार टीवी का रिमोट।
(a) सही (b) गलत

75. पेरोल (Payroll) सॉफ्टवेयर हॉरीजेन्टल मार्केट सॉफ्टवेयर का एक प्रकार नहीं है।
(a) सही (b) गलत

76. पीसी (PCs) व मैक्स (Macs) के बीच में से Macs ही ग्राफिक डिजाइन व एनिमेशन के लिए प्लेटफॉर्म चॉइस है।
(a) सही (b) गलत

77. ऑपरेटिंग सिस्टम एक ऐसा प्रोग्राम है जो कम्प्यूटर सिस्टम के हार्डवेयर के साथ ही, सीपीयू, मैमोरी, स्टोरेज डिवाइस, इनपुट/आउटपुट डिवाइस को भी मैनेज करती है।
(a) सही (b) गलत

78. स्कैनर एक ऐसी इनपुट डिवाइस है जो पेपर पर अंकित इमेज, फोटो व आर्टवर्क को कैप्चर करता है।
(a) सही (b) गलत

79. जो ऑपरेटिंग सिस्टम सॉफ्टवेयर आप प्रयोग करते हैं वह आपके कम्प्यूटर एप्लीकेशन पर निर्भर करता है।
(a) सही (b) गलत

80. कम्प्यूटर प्रिंटेड रिपोर्ट के मल्टी पेज में सॉफ्टकॉपी टर्म प्रयुक्त होती है।
(a) सही (b) गलत

81. सॉफ्टवेयर व सॉफ्टकॉपी टर्म समान अस्थाई आउटपुट का वर्णन करते हैं।
(a) सही (b) गलत

82. एक्सल 2007 के साथ आप एक्सल 2003 वर्कबुक को भी ओपन कर सकते हैं।
(a) सही (b) गलत

83. एक एक्सल वर्कशीट कुल स्प्रेडशीट फाइल है।
(a) सही (b) गलत

84. सुपरकम्प्यूटर सबसे तेज चलने वाले व सबसे ज्यादा महँगे कम्प्यूटर हैं।
(a) सही (b) गलत

85. बाइनरी लैंग्वेज दो डिजिट: 0 व 1 को निर्धारित करती है।
(a) सही (b) गलत

86. कम्प्यूटर सिस्टम में डाटा एंटर कराने के लिए आप जिन डिवाइसों का प्रयोग करते हैं, उन्हें आउटपुट डिवाइस कहा जाता है।
(a) सही (b) गलत

87. वर्ड प्रोसेसिंग सॉफ्टवेयर पर्सनल टास्क को परफॉर्म करने में आपकी मदद करता है।
(a) सही (b) गलत

88. वर्ड प्रोसेसिंग सॉफ्टवेयर शब्द, पेपर या अन्य बेसिक डॉक्यूमेंट को बनाने में प्रयुक्त होता है।
(a) सही (b) गलत

89. एक एक्सल वर्कबुक में केवल एक एक्सल स्प्रेडशीट हो सकती है।

(a) सही (b) गलत

90. एक कॉलम सिर्फ होम टैब के प्रयोग द्वारा ही इन्सर्ट किया जा सकता है।

(a) सही (b) गलत

91. डाटा एंट्री क्लर्क (Clerk) व डाटा क्लर्क टाइटल इंटरचेंजेबल हैं व इन्हें ऑपरेशन एरिया में समान स्थिति में वर्णित किया जा सकता है।

(a) सही (b) गलत

92. लैपटॉप की स्क्रीन पर एक खास पेन या स्टायलस द्वारा लिखा जा सकता है।

(a) सही (b) गलत

93. आर्टिफीशियल इटेलीजेंसी (AI) एक ऐसा विज्ञान है जो ऐसी मशीनें बनाने का प्रयास कर रही है जो Human Thought Process से बराबरी करने का प्रयत्न करेंगी।

(a) सही (b) गलत

94. आधुनिक फिल्मों में एनिमेशन इफैक्ट अधिकतर प्रोग्राम द्वारा बनाए जाते हैं।

(a) सही (b) गलत

95. ब्लूप्रिंट आमतौर पर CAD सॉफ्टवेयर का प्रयोग करके बनाए जाते हैं।

(a) सही (b) गलत

96. प्रजेंटेशन सॉफ्टवेयर इलेक्ट्रॉनिक स्लाइड को बनाने व एडिट करने के काम आते हैं।

(a) सही (b) गलत

97. पर्सनल फाइनेंस फाइनेंशियल रिकार्ड को मेन्टेन करने में मदद करता है।

(a) सही (b) गलत

98. डाटा एक नंबर, एक शब्द, एक तस्वीर या एक आवाज भी हो सकती है।

(a) सही (b) गलत

99. डाटाबेस मैनेजमेंट सिस्टम वेब पेज डिजाइन करने व बनाने में मदद करता है।

(a) सही (b) गलत

100. डाटाबेस मैनेजमेंट सिस्टम टु-डू-लिस्ट, कैलेण्डर व कॉन्टेक्ट को व्यवस्थित करने के काम आता है।

(a) सही (b) गलत

उत्तरमाला

1. (c)	**2.** (a)	**3.** (b)	**4.** (c)	**5.** (d)	**6.** (a)	**7.** (c)	**8.** (b)	**9.** (a)	**10.** (c)
11. (a)	**12.** (a)	**13.** (c)	**14.** (d)	**15.** (c)	**16.** (a)	**17.** (c)	**18.** (b)	**19.** (c)	**20.** (a)
21. (b)	**22.** (c)	**23.** (a)	**24.** (d)	**25.** (b)	**26.** (c)	**27.** (d)	**28.** (a)	**29.** (a)	**30.** (c)
31. (a)	**32.** (d)	**33.** (a)	**34.** (b)	**35.** (c)	**36.** (d)	**37.** (b)	**38.** (d)	**39.** (b)	**40.** (a)
41. (a)	**42.** (a)	**43.** (b)	**44.** (c)	**45.** (b)	**46.** (c)	**47.** (c)	**48.** (d)	**49.** (d)	**50.** (a)
51. (a)	**52.** (a)	**53.** (a)	**54.** (a)	**55.** (b)	**56.** (a)	**57.** (a)	**58.** (a)	**59.** (b)	**60.** (b)
61. (b)	**62.** (b)	**63.** (b)	**64.** (b)	**65.** (b)	**66.** (b)	**67.** (a)	**68.** (b)	**69.** (a)	**70.** (a)
71. (a)	**72.** (b)	**73.** (a)	**74.** (a)	**75.** (b)	**76.** (a)	**77.** (a)	**78.** (a)	**79.** (b)	**80.** (b)
81. (b)	**82.** (a)	**83.** (b)	**84.** (a)	**85.** (a)	**86.** (b)	**87.** (a)	**88.** (a)	**89.** (b)	**90.** (b)
91. (b)	**92.** (b)	**93.** (a)	**94.** (a)	**95.** (a)	**96.** (a)	**97.** (a)	**98.** (a)	**99.** (b)	**100.** (b)

प्रैक्टिस टेस्ट पेपर-XI

1. **उस PC प्रोडक्टिविटी टूल को .... कहते हैं जो रोज और कॉलमों में व्यवस्थित डाटा को मैनिपुलेट करता है।**
   (a) प्रजेंटेशन मकैनिज्म
   (b) स्प्रैडशीट
   (c) वर्ड प्रोसैसिंग डाक्यूमेंट
   (d) डाटाबेस रिकॉर्ड मैनेजर
2. **कौन सी विशेषता टॉप और बॉटम मार्जिन को एडजेस्ट करती है ताकि छपे हुए पृष्ठ पर टेक्स्ट वर्टिकली सेंटर में हो?**
   (a) वर्टिकल सेट्रिंग (b) ड्यूल सेट्रिंग
   (c) वर्टिकल एड्जेस्टिंग (d) हॉरिजॉन्टल सेट्रिंग
3. **इनमें से कौन सा पाइंट-एण्ड-ड्रा डिवाइस है?**
   (a) प्रिंटर (b) की बोर्ड
   (c) स्कैनर (d) माउस
4. **पावर पॉइंट में हेडर एवं फुटर बटन किस ग्रुप में इन्सर्ट टैब में ढूंढे जा सकते हैं-**
   (a) ऑब्जेक्ट ग्रुप (b) इलस्ट्रेशन्स ग्रुप
   (c) टेबल्स ग्रुप (d) टैक्स्ट ग्रुप
5. **चौथी पीढ़ी की मोबाइल प्रौद्योगिकी बढ़ी हुई क्षमताएँ प्रदान करती हैं जिसमें फुल मोशन वीडियो, हाईस्पीड इंटरनेट एक्सेस और वीडियो कॉन्फ्रेंसिंग सहित .... डाटा दोनों को ट्रांसफर किया जा सकता है-**
   (a) वॉइस एवं नान वॉइस
   (b) म्यूजिक एवं वीडियो
   (c) वीडियो एवं ऑडियो
   (d) वीडियो डाटा और इन्फॉर्मेशन
6. **स्लाइड प्रेजेंटेशन की एक टिपिकल स्लाइड में ... . शामिल नहीं होगा।**
   (a) ग्राफ और क्लिन आर्ट
   (b) कन्टेन्ट टेम्पलेट
   (c) फुट मोशन वीडियो
   (d) क्लिन आर्ट और ऑडियो क्लिप
7. **नियमों के उस सेट को ...... कहते हैं जो कम्प्यूटर को बताता है कि क्या ऑपरेशन करता है।**
   (a) नैचरल लैंग्वेज (b) स्ट्रक्चर्स
   (c) प्रोसीजरल लैंग्वेज (d) कमांड लैंग्वेज
8. **जिन फोल्डरों में टेम्परेरी इंटरनेट फाइलें रहती हैं, आमतौर पर उनमें डाउनलोड की गई .... आप द्वारा विजिट की गई कुछ वेब साइटों द्वारा आपके कम्प्यूटर की हार्ड डिस्क पर राइट की जाती है।**
   (a) कुकीज (b) बिहेवियर फाइलें
   (c) बैनर एड्स (d) एनॉनिमस फाइलें
9. **जब डाक्यूमेंट में टैक्स्ट एंटर करते हैं, तो एंटर कुंजी सामान्यतया..... के अन्त में दबाई जाती हैं।**
   (a) शब्द (b) वाक्य
   (c) फाइल (d) पैराग्राफ
10. **किसी डाक्यूमेंट की .... का अर्थ है कि फाइल किसी दूसरे कम्प्यूटर से आपके कम्प्यूटर में ट्रांसफर हो जाती हैं।**
    (a) अपग्रेडिंग (b) अपलोडिंग
    (c) एक्सेसिंग (d) डाउनलोडिंग
11. **पेस्ट स्पेशल ऑप्शन ढूंढने के लिए, पावर पाइंट के .... टैब पर क्लिप बोर्ड समूह का प्रयोग किया जाता है।**
    (a) होम (b) पेज लेआउट
    (c) स्लाइड शो (d) इनसर्ट
12. **किसी विंडो की साइजिंग में पहला कदम निम्नलिखित में से कौन सा है?**
    (a) व्यू मैनू को पुल डाउन करे और बड़े आईकॉन में बदले
    (b) टाइटल बार पर पाइंट करे
    (c) किसी कोने या बॉर्डर में पाइंट करे
    (d) टूलबार को डिस्प्ले करने के लिए व्यू मेनू को पुल डाउन करे

13. प्रोग्राम या तो टॉक या म्यूजिक, जो इन्टरनेट पर ऑटोमैटिक डाउनलोड के लिए डिजिटल फार्मेट में उपलब्ध कराया जाता है, उसे कहते हैं-

(a) पॉडकास्ट (b) ब्लॉग
(c) Wiki (d) वोडकास्ट

14. एक PC यूनिट के मदरबोर्ड पर विभिन्न घटक समानांतर इलेक्ट्रिकल कंडक्टिंग लाइनों के सेटों से आपस में जुड़े रहते हैं, इन लाइनों को क्या कहते हैं?

(a) कनेक्टर्स (b) कन्डकटर्स
(c) बसेस (d) कन्सीक्यूटिन्स

15. जिस तरह लोक मैथमेटिकली सोचते हैं उसे ... . लैंग्वेज रिफ्लेक्ट करती है।

(a) इवेन्ट-ड्रिवन प्रोग्रामिंग
(b) क्रस-प्लैटफार्म प्रोग्रामिंग
(c) 3GL बिजनेस प्रोग्रामिंग
(d) फंक्शनल

16. निम्नलिखित में से कौन सा ईमेल का भाग नहीं हो सकता है?

(a) Underscore (–) (b) Period (.)
(c) At sign (o) (d) Space ( )

17. गणना और तुलना के लिए कम्प्यूटर के किस भाग का प्रयोग किया जाता है?

(a) डिस्क यूनिट (b) ALU
(c) मोडम (d) कंट्रोल यूनिट

18. आपके बिजनेस ने एक अन्य कम्पनी के साथ एक कॉन्ट्रैक्ट किया है कि वे आपकी कम्पनी के लिए इंटरनेट पर होस्ट रखेंगे और एप्लिकेशन रन करेंगे, आपके बिजनेस को यह सेवा देने वाली कम्पनी .... कहलाती है।

(a) एप्लिकेशन एक्सेस प्रदाता
(b) इंटरनेट सेवा प्रदाता
(c) इंटरनेट एक्सेस प्रदाता
(d) एप्लीकेशन सेवा प्रदाता

19. .... साफ्टवेयर आपरेटिंग सिस्टम, एप्लिकेशनों, फाइलों और डाटा सहित सारी हार्ड डिस्क की मिरर इमेज बनाता है।

(a) ड्राइवर इमेजिंग (b) बेकअप साफ्टवेयर
(c) यूटिलिटी प्रोग्राम (d) आपरेटिंग सिस्टम

20. पब्लिक और प्राइवेट एंटरप्राइज सारे कम्प्यूटर प्लेटफार्मों और इंटरनेट पर एक-दूसरे से और उद्योग के विश्लेषकों के साथ पब्लिश और शेयर करने के लिए .... का प्रयोग करते हैं।

(a) एक्सटेसिनल बिजनेस रिपोर्टिंग लैंग्वेज (XBRL)
(b) सेल्ज फोर्स ऑटोमेशन (SFA) साफ्टवेयर
(c) एंटरप्राइज एप्लिकेशन इंटीग्रेशन (EAI)
(d) एक्सटेंसिबल मार्कअप लैंग्वेज (EML)

21. पुल डाउन मेनू में फेडिड (डिम हुई) कमांड का क्या महत्व है?

(a) यदि कमांड को सिलेक्ट किया जाए तो डायलॉग बॉक्स सामने आता है
(b) इस कमांड विशेष के लिए कोई समकक्ष की-स्ट्रोक नहीं है
(c) कमांड वर्तमान में एक्सेसिबल नहीं है
(d) यदि कमांड को सिलेक्ट किया जाए तो हेल्प विंडो सामने आती है

22. सर्च कम्पैनियन -

(a) अपनी सर्च को फोल्डरों के विनिर्दिष्ट सेट तक सीमित कर सकता है
(b) विनिर्दिष्ट फ्रेज वाली सभी फाइलों को लोकेट और इसकी सर्च को फोल्डरों के विनिर्दिष्ट सेट तक सीमित नहीं कर सकता है
(c) विनिर्दिष्ट फ्रेज वाली सभी फाइलों को लोकेट कर सकता है
(d) विनिर्दिष्ट फ्रेज वाली सभी फाइलों को लोकेट कर सकता है और अपनी सर्च को फोल्डरों के विनिर्दिष्ट सेट तक सीमित कर सकता है

23. गलती एक एल्गोरिद्म है जिससे गलत परिणाम निकलते हैं, इसे कहते हैं-

(a) कम्पाइलर एरर (b) लॉजिकल एरर
(c) मशीन एरर (d) प्रोसीजरल एरर

24. कनेक्टर पर भिन्न कनफिगरेशन में कनेक्शन को बदलने वाली डिवाइस है-

(a) कम्पोनेट (b) अटैचमेंट
(c) वोल्टमीटर (d) कन्वर्टर

25. माइक्रोसाफ्ट ऑफिस

(a) एक वर्टिकल मार्केट एप्लीकेशन है
(b) एक एप्लीकेशन स्यूट है
(c) पब्लिक डोमेन साफ्टवेयर है
(d) शेयरवेयर है

26. .... से प्रयोक्ता फाइलों को किसी ऑनलाइन साइट पर अपलोड कर सकते हैं ताकि उन्हें किसी दूसरी लोकेशन से देखा और एडिट किया जा सके-

(a) वेब-हास्टिड प्रौद्योगिकी
(b) ऑफिस-लाइव
(c) जनरल परपज एप्लीकेशन
(d) माइक्रोसॉफ्ट आउटलुक

27. इनमें से कौन-सा इंटरनेट व्यक्तिगत सम्प्रेषण का साधन नहीं है-

(a) इन्स्टैंट मैसेजिंग (b) इन्स्टानोट्स
(c) चैट (d) इलेक्ट्रॉनिक मेल

28. पेरेंथेसिस की एवसेन्स में ऑपरेशन का क्रम है-

(a) एडिशन और सबट्रैक्शन, मल्टीप्लिकेशन और डिविजन, एक्स्मोनेंशिएशन
(b) एक्स्मोनेंशिएशन, मल्टीप्लिकेशन डिवीजन, सबट्रैक्शन और एडिशन
(c) एक्स्मोनेंशिएशन, एडिशन और सबट्रैक्शन, मल्टीप्लिकेशन और डिवीजन
(d) एडिशन और सबट्रैक्शन, एक्स्मोनेंशिएशन, मल्टीप्लिकेशन और डिवीजन

29. प्रोग्राम के टेस्ट रिजल्ट और प्रिंट आउट के साथ-साथ प्रोग्रामिंग चक्र और प्रोग्राम का विस्तृत लिखित विवरण .... कहलाता है।

(a) स्प्रेडशीट्स (b) डॉक्यूमेंटेशन
(c) आउटपुट (d) रिपोर्टिंग

30. टेक्स्ट डॉक्यूमेंट को बनाने, एडिट करने, फॉर्मेट करने, स्टोर करने, रिट्रिव और प्रिंट करने के लिए कुल मिलाकर एक शब्द कौन-सा है?

(a) प्रेजेंटेशन जेनरेशन (b) वेब डिजाइन
(c) डाटाबेस प्रबंधन (d) वर्ड प्रोसैसिंग

31. इंटरसेक्टिंग कॉलम और रो का अक्षर और अंक .... होता है।

(a) सेल एड्रेस (b) सेल पोजीशन
(c) सेल लोकेशन (d) सेल कोऑर्डीनेट्स

32. .... प्रोग्रामों का एक सेट है जो कम्प्यूटर के संसाधनों को प्रबंधित करने के लिए डिजाइन किया गया है और जिसमें कम्प्यूटर शुरू करना, प्रोग्रामों को मैनेज करना, मेमोरी को मैनेज करना और इनपुट तथा आउटपुट डिवाइसों के बीच के कार्यों का समन्वय करना शामिल है।

(a) एप्लीकेशन सूट
(b) इंटरफेस
(c) कम्पाइलर
(d) इनपुट/आउटपुट सिस्टम

33. उन फार्मों को क्या कहते हैं जिसका प्रयोग बिजनेस डाटा को रोज (Rows) और कॉलमों में व्यवस्थित करने के लिए किया जाता है?

(a) रजिस्टर (b) स्प्रैडशीट्स
(c) बिजनेस फार्म (d) शीट स्प्रेड्स

34. जो कम्प्यूटर प्रोसैस को नियत्रिंत करते हैं वे डाटा को निरंतर.......... में स्वीकार करते हैं।

(a) डाटा हाईवे (b) इनफाइनाइट लूप
(c) स्लॉट (d) फीड बैक लूप

35. जो व्यक्ति कम्प्यूटर इनपुट के लिए अपने हाथों का प्रयोग नहीं कर पाते उनकी सहायता निम्नलिखित में से कौन-सा सॉफ्टवेयर कर सकता है?

(a) स्पीच रिकॉग्नीशन (b) वीडियो कॉन्फ्रेंसिंग
(c) सिंथेसाइजर (d) ऑडियो डिजिटाइजर

36. USB कम्यूनिकेशन डिवाइस जो नोटबुक यूरों के लिए सेक्यूलर वायरलेस कम्यूनिकेशन के लिए डाटा एन्क्रिप्सन सपोर्ट करता है उसे .... कहते हैं।

(a) एन्टर (b) वायरलेस हब
(c) USB वायरलेस नेटवर्क एडेप्टर
(d) वायरलेस स्विच

37. .... प्रोग्राम वह होता है जो चलने के लिए तैयार होता है और इसमें किसी तरह आल्टरेशन नहीं करना होता है।

(a) COBOL (b) कम्पाइलर

(c) इंटरप्रिटर (d) हाई लेबल

38. उन एप्लीकेशनों को क्या नाम दिया जाता है जिनमें टेक्स्ट, ध्वनि, ग्राफिक्स, मोशन वीडियो और/या एनिमेशन का मिश्रण होता है?

(a) मल्टीमीडिया (b) एनिग्राफिक्स

(c) मोशनवेयर (d) मैक्सोमीडिया

39. रेवन्यूस, प्रोफिट और ग्रोस मार्जिन को पढ़ने के लिए फ्रेज, रेवन्यूस, प्रोफिट ग्रोस मार्जिन के बदलने का सबसे आसान तरीका क्या है?

(a) इनसर्ट मोड यूज कीजिए, ग्रोस में g के बाद कर्सर पोजीशन कीजिए और फिर स्पेस के बाद वर्ड टाइप कीजिए।

(b) ओवर टाइप में यूज कीजिए ग्रोस में g से पहले कर्सर पोजीशन कीजिए और फिर स्पेस के बाद वर्ड टाइप कीजिए।

(c) ओवरटाइप मोड यूज कीजिए ग्रोस में g के बाद कर्सर पोजीशन कीजिए फिर स्पेस के बाद वर्ड टाइप कीजिए

(d) इनसर्ट मोड यूज कीजिए कर्सर को ग्रोस में g से पहले पोजिशन करिए फिर स्पेस के बद वर्ड टाइप कीजिए

40. थम्बनेल के रूप में कौन-सा पावर पाइंट व्यू प्रेजेंटेशन की प्रत्येक स्लाइड डिस्प्ले करता है और स्लाइड्स रिएरेंज करने के लिए उपयोगी है-

(a) स्लाइड मास्टर (b) स्लाइड शो

(c) स्लाइड सोर्टर (d) नोट्स पेज

41. जब कम्प्यूटर का प्रयोग करते हुए इंटरनेट पर दो लोगों के बीच रीयल-टाइम, टेलीफोन कॉल की जाती है तो उसे .... कहते हैं।

(a) ईमेल (b) इंटरनेट टेलिफोनी

(c) इन्स्टैट मैसेज (d) चैट सैशन

42. CPU वर्तमान में जिन प्रोग्रामों और टाटा को प्रोसैस कर रहा होता है उन्हें स्टोर करने के लिए किस कम्प्यूटर मेमरी का प्रयोग किया जाता है?

(a) नान-वोलेटाइल मेमरी

(b) मास मेमरी

(c) PTOM (d) इंटरनल मेमरी

43. किसी खास डिजाइन की विशेषताओं के सेट निम्नलिखित में से कौन सा है?

(a) फॉरमेशन (b) कैलीग्राफ

(c) स्टेंसिल (d) कीफेस

44. .... से आप अपनी ईमेल वहीं से भी एक्सेस कर सकते हैं।

(a) वैबमेल इंटरफेस (b) मैसेज बोर्ड

(c) फोरम (d) वेबलॉग

45. निम्नलिखित में से कौन-सा इन्फॉर्मेशन सिस्टम मैन्युफैक्चरिंग प्रोसैस को अधिक दक्ष और ऊँची क्वालिटी का बनाने पर फोकस करता है?

(a) कम्प्यूटर-एसिड सिस्टम इंजीनियरिंग

(b) कम्प्यूटर-इंटीग्रेटिड मैन्युफैक्चरिंग

(c) कम्प्यूटर-एसिड मैन्युफैक्चरिंग

(d) कम्प्यूटर-एसिड सॉफ्टवेयर इंजीनियरिंग

46. CPU में निम्नलिखित में से कौन-सा अवश्य होना चाहिए-

(a) अक्षर WWW

(b) विशिष्ट रजिस्टर्ड डोमेन नाम

(c) WWW और विशिष्ट रजिस्टर्ड

(d) प्रोटोकॉल आईडेंटिफायर WWW और विशिष्ट रजिस्टर्ड डोमेन नाम

47. LinkedIn में निम्नलिखित में से क्या पाया जाता है?

(a) चैट (b) कनेक्शन

(c) एप्लीकशन (d) गेम्स

48. इंटरनेट एक्सेस के जिस तरीके में एक फोन लाइन की जरूरत होती है लेकिन डायल अप से तेज एक्सेस स्पीड मिलती है उसे .... कनेक्शन कहते हैं-

(a) डिजिटल सब्सक्राइबर लाइन (DSL)

(b) फाइबर-ऑप्टिक सेवा

(c) सेटेलाइट एक्सेस

(d) मोडम

49. .... एक ऐसी तकनीक है जिसका प्रयोग सिंगल लाइन पर एक से अधिक कॉल भेजने के लिए किया जाता है।
(a) डिजिटाइजिंग (b) इन्टफारेड ट्रांसमिशन
(c) डिजिटल ट्रांसमिशन (d) मल्टीप्लेक्सिंग

50. .... सर्विस अटैक के डिनायल का एक रूप है जिसमें एक हॉस्टल क्लाइंट नकली IP एड्रैसों का प्रयोग करके सर्वर पर हरेक पोर्ट को बार-बार SYN पैकेट भेजता है।
(a) साफ्टवेयर पाइरेसी (b) मेमरी रोविंग
(c) सिन फ्लडिंग (d) साइबरगेमिंग क्राइम

सही और गलत

51. वर्ड प्रोसेसिंग अन्य लोगों से कम्युनिकेट करने में मदद करता है।
(a) सही (b) गलत

52. स्प्रेडशीट डाटाबेस के लॉजिकल ऑर्गेनाइजेशन के विशिष्टिकरण में काम आता है।
(a) सही (b) गलत

53. इनपुट डिवाइस एक ऐसा टूल है जो इन्फॉरमेशन व कमाण्ड कैप्चर करने के काम आता है।
(a) सही (b) गलत

54. बैटरी ऑपरेटेड पॉकेट कैलकुलेटर को लिमिटेड परपज डिजिटल कम्प्यूटर के रूप में जाना जाता है।
(a) सही (b) गलत

55. संख्याओं को जोड़ने के लिए एबेकस आज भी महत्वपूर्ण है।
(a) सही (b) गलत

56. मिनी कम्प्यूटर के वर्ग हैं-मिनी-स्केल सिस्टम, मीडियम स्केल सिस्टम, मैक्सी-मिनीकम्प्यूटर सिस्टम।
(a) सही (b) गलत

57. इमेज स्कैनर मार्क (Mark) की उपस्थिति या अनुपस्थिति को दर्शाने का काम करता है।
(a) सही (b) गलत

58. कैथोड़ रे ट्यूब डिस्प्ले (Cathode Ray Tube Display) फ्लैट-पैनल डिस्प्ले नहीं है।
(a) सही (b) गलत

59. वायरलैस नेटवर्क के द्वारा डिवाइस को रिलोकेट (Relocate) करना ज्यादा आसान है।
(a) सही (b) गलत

60. कुछ मैक्सी-मिनी कम्प्यूटर सिस्टम मीडियम-स्केल कम्प्यूटर सिस्टम की श्रेणी में आते हैं।
(a) सही (b) गलत

61. कनकरेंट (Concurrent) बैच प्रोसेसिंग व ऑनलाइन प्रोसेसिंग सभी मिनी कम्प्यूटर सिस्टम में सम्भव हैं।
(a) सही (b) गलत

62. लोअर रिजॉल्यूशन प्रिंटर, हायर रिजॉल्यूशन प्रिंटर से बेहतर हैं।
(a) सही (b) गलत

63. लेजर प्रिंटर केवल काली व सफेद इमेज प्रोड्यूस करता है।
(a) सही (b) गलत

64. जिप डिस्क ऑप्टीकल स्टोरेज का सस्ता रूप है।
(a) सही (b) गलत

65. माइक्रोकम्प्यूटर सिस्टम कार्यालयों के साथ-साथ घर में भी प्रयोग किए जा सकते हैं।
(a) सही (b) गलत

66. माइक्रोकम्प्यूटर कन्वेशनल कम्प्यूटर की तरह प्रोग्राम नहीं किए जाते।
(a) सही (b) गलत

67. आउटपुट डिवाइस उन निर्देशों या डाटा को स्टोर करती हैं जिन्हें सीपीयू प्रोसेस करता है।
(a) सही (b) गलत

68. वेबकैम डिवाइस स्टिल इमेज को कैप्चर करता है।
(a) सही (b) गलत

69. RAM या रेन्डम एक्सेस मैमोरी एक स्थाई स्टोरेज है जो उन सूचनाओं जिनके साथ आप काम कर रहे हैं, जिन एप्लीकेशन सॉफ्टवेयर को आप प्रयुक्त कर रहे हैं व जिस ऑपरेटिंग सिस्टम का प्रयोग कर हैं, सभी को स्टोर कर लेती है।
(a) सही (b) गलत

70. सीपीयू व मैमोरी सिस्टम यूनिट के एक विशेष सर्किट-बोर्ड में स्थित होते हैं, इसे मदरबोर्ड कहा जाता है।
(a) सही (b) गलत

71. DOS के कुछ इंटरनल कमाण्ड हैं-DIR, COPY, DEL, MD, CD, CLS आदि।
(a) सही (b) गलत

72. विंडो 7 विंडो विस्टा से ज्यादा सफल नहीं है।
(a) सही (b) गलत

73. माउस को मूव करते समय इसका प्वॉइंटर मूव नहीं करता है।
(a) सही (b) गलत

74. डेस्कटॉप विंडो 7 का वर्किंग एरिया है।
(a) सही (b) गलत

75. एम. एस. ऑफिस 2000 को बनाने वाली कम्पनी कोरल है।
(a) सही (b) गलत

76. एमएस ऑफिस का वर्ड प्रोसेसर इमेज एडीटर है।
(a) सही (b) गलत

77. फ्रंट पेज 2000 ऑफिस 2000 का पूर्णतः वेब डिजाइन सॉफ्टवेयर है।
(a) सही (b) गलत

78. FAT का पूर्णरूप फाइल एकोमोडेशन टेबल है।
(a) सही (b) गलत

79. वेलकम स्क्रीन कम्प्यूटर पर प्रत्येक यूजर का नाम दिखाता है।
(a) सही (b) गलत

80. वर्क बुक की प्रत्येक वर्कशीट में 16384 कॉलम होते हैं और 1048576 पंक्ति होती हैं।
(a) सही (b) गलत

81. पावर पॉइंट की 'प्रजेंटेशन' को 'स्लाइड शो' नहीं कहा जाता है।
(a) सही (b) गलत

82. पावर पॉइंट पूरा ग्राफिक प्रजेंटेशन प्रोग्राम है जिसमें प्रजेंटेशन को व्यावसायिक रूप से तैयार कर उसका इस्तेमाल कर सकते हैं।
(a) सही (b) गलत

83. प्रजेंटेशन को अधिक प्रभावी बनाने के लिए टेबल, चार्ट, पिक्चर, वीडियो, साउण्ड और एनीमेशन इफैक्ट्स नहीं डालनी चाहिए।
(a) सही (b) गलत

84. प्रजेंटेशन में सबसे आखिर में किए गए बदलावों को पावर पॉइंट भूल जाती है।
(a) सही (b) गलत

85. डाटा का एक निश्चित क्रम अथवा व्यवस्थित रूप में संग्रह डाटाबेस कहलाता है।
(a) सही (b) गलत

86. एक्सेस में ऑब्जेक्ट, रिर्पोट्स व टेबल को एचटीएमएल फॉरमेट में सेव कर सकते हैं।
(a) सही (b) गलत

87. वाइल्ड कार्ड वे चिह्न होते हैं जो किसी कैरेक्टर या कैरेक्टर के समूह को प्रदर्शित नहीं करते।
(a) सही (b) गलत

88. Ctrl + X को दबाने पर किया गया अंतिम कार्य रिवर्स नहीं होगा।
(a) सही (b) गलत

89. SQL का पूर्ण रूप स्मॉल क्वेरी लेन्थ है।
(a) सही (b) गलत

90. डेट/टाइम फील्ड की विड्थ 8 बाइट होती है।
(a) सही (b) गलत

91. हाइपरलिंक एक्सेस में फील्ड टाइप नहीं है।
(a) सही (b) गलत

92. डाटा बेस ऑब्जेक्ट क्वेरी नहीं है।
(a) सही (b) गलत

93. माइक्रोसॉफ्ट एक्सेस टेबल में कॉलम फील्ड कहलाते हैं।
(a) सही (b) गलत

94. कम्प्यूटर की दुनिया में कोई भी असंवैधानिक काम 'कम्प्यूटर क्राइम' की श्रेणी में आता है।
(a) सही (b) गलत

95. बूट सेक्टर, फाइल, मैक्रो मुख्य कम्प्यूटर वायरस हैं।
(a) सही (b) गलत

96. बूट सेक्टर वायरस को प्रोग्राम वायरस के नाम से भी जाना जाता है।
(a) सही (b) गलत

97. अनजान फाइल को बंद करते हैं या वायरस वाले प्रोग्राम को रन कराते हैं।
(a) सही (b) गलत

98. कई वेबसाइट ज्ञात वायरस की लिस्ट अपने पास रखती हैं।
(a) सही (b) गलत

99. 'ट्रस्टेड सोर्स' वह व्यक्ति या कम्पनी होती है जिसके बारे में आप निश्चित रहते हैं कि वह आपको वायरस से संक्रमित फाइल नहीं भेजेगा।
(a) सही (b) गलत

100. नेटवर्क के विस्तार के साथ ही ई-मेल इण्टरनेट के द्वारा कम्प्यूटर वायरस को नियन्त्रित किया जा रहा है।
(a) सही (b) गलत

उत्तरमाला

1. (b)	**2.** (a)	**3.** (d)	**4.** (d)	**5.** (a)	**6.** (c)	**7.** (d)	**8.** (a)	**9.** (d)	**10.** (d)
11. (a)	**12.** (c)	**13.** (a)	**14.** (c)	**15.** (d)	**16.** (d)	**17.** (b)	**18.** (c)	**19.** (d)	**20.** (a)
21. (c)	**22.** (d)	**23.** (d)	**24.** (c)	**25.** (b)	**26.** (a)	**27.** (b)	**28.** (b)	**29.** (b)	**30.** (d)
31. (a)	**32.** (d)	**33.** (b)	**34.** (b)	**35.** (a)	**36.** (c)	**37.** (d)	**38.** (a)	**39.** (d)	**40.** (c)
41. (b)	**42.** (d)	**43.** (a)	**44.** (d)	**45.** (c)	**46.** (d)	**47.** (a)	**48.** (a)	**49.** (d)	**50.** (c)
51. (a)	**52.** (a)	**53.** (b)	**54.** (a)	**55.** (a)	**56.** (b)	**57.** (a)	**58.** (b)	**59.** (a)	**60.** (b)
61. (b)	**62.** (a)	**63.** (b)	**64.** (a)	**65.** (a)	**66.** (a)	**67.** (a)	**68.** (b)	**69.** (b)	**70.** (b)
71. (a)	**72.** (b)	**73.** (b)	**74.** (a)	**75.** (b)	**76.** (a)	**77.** (a)	**78.** (b)	**79.** (a)	**80.** (a)
81. (b)	**82.** (a)	**83.** (b)	**84.** (b)	**85.** (a)	**86.** (a)	**87.** (b)	**88.** (a)	**89.** (b)	**90.** (a)
91. (b)	**92.** (b)	**93.** (a)	**94.** (a)	**95.** (a)	**96.** (b)	**97.** (b)	**98.** (a)	**99.** (a)	**100.** (b)

प्रैक्टिस टेस्ट पेपर-XII

1. मदरबोर्ड के कम्पोनेन्ट्स के बीच इन्फॉर्मेशन .. .. के माध्यम से ट्रेवल करता है।

(a) CMOS (b) बसेज

(c) पेरिफेरल्स (d) फ्लैश मैमोरी

2. माइक्रोप्रोग्राम है-

(a) कोडान्तरण भाषा में लिखा गया प्रोग्राम

(b) उच्च स्तर भाषा में लिखा गया प्रोग्राम

(c) किसी प्रोसेसर के कन्ट्रोल यूनिट के लिए अनुक्रमण प्रोग्राम

(d) माइक्रोकम्प्यूटरों के लिए एक प्रोग्राम

3. डाटा कहाँ भेजना है या कहाँ से लिख जाता है, इसके लिए कौन-सी बस प्रयुक्त होती है?

(a) कन्ट्रोल बस (b) एड्रेस बस

(c) डाटा बस (d) एयर बस

4. दो असमान लैन नेटवर्क को जोड़ने के लिए किस उपकरण का प्रयोग होता है?

(a) गेटवे (b) रूटर

(c) ब्रिज (d) ये सभी

5. Object Oriented Model का मुख्य बिन्दु है-

(a) Subject (b) Data

(c) Object (d) Information

6. यदि किसी मौजूदा डॉक्यूमेन्ट को किसी दूसरे नाम से सेव करना हो, तो क्या करना चाहिए?

(a) डॉक्यूमेंट को दूसरे स्थान पर कापी करने के लिए विण्डोज एक्सप्लोरर का प्रयोग करें, तब दूसरा नाम दें

(b) डॉक्यूमेंट को फिर से टाइप करे और दूसरा नाम दें

(c) मूल डॉक्यूमेंट को नए डॉक्यूमेंट में कापी और पेस्ट करें और फिर सेव करें

(d) सेव एज कमांड का प्रयोग करें

(e) इनमें से कोई नहीं

7. अनेक से अनेक (Many to many) को इनमें से किस प्रारूप में देखा जा सकता है-

(a) Ditributed Model

(b) Object Oriented Model

(c) Network Model

(d) Relation Model

8. LAN (लोकल एरिया नेटवर्क) से जुड़े कम्प्यूटर-

(a) ऑनलाइन जा सकते हैं

(b) इन्फॉर्मेशन और पेरिफेरल उपकरण शेयर कर सकते हैं

(c) ई-मेल कर सकते हैं

(d) तेज चल सकते हैं

9. मॉनीटर और हार्डड्राइव जैसे अधिक पावर हंग्री कम्पोनेन्टो को आइडल रखने पर .... होता है।

(a) पावर डाउन

(b) शटडाउन प्रोसिजर

(c) हाइबरनेशन

(d) स्टैन्डबाइ मोड

10. निम्नलिखित में से कौन सा कथन सत्य है?

(a) वर्चुअल मैमोरी से डाटा का प्रयोग करते समय आपरेटिंग सिस्टम RAM फाइल नामक फाइल बिल्ड करती है।

(b) यदि कोई कम्प्यूटर मैमोरी-बाउण्ड है, तो अधिक RAM जोड़ने से समस्या हल नहीं होगी

(c) वर्चुअल मैमोरी हार्ड-ड्राइव पर स्पेस है जहां ऑपरेटिंग सिस्टम मैमोरी-बाउण्ड होने पर डाटा स्टोर करना आरम्भ करती है

(d) RAM से डाटा एक्सेस करना वर्चुअल मैमोरी से डाटा एक्सेस करने से धीमा होता है।

11. माइक्रोसाफ्ट ऑफिस एक्सेल डॉक्यूमेंट में से प्रत्येक सेल एड्रेस से रिफर किया जाता है जो . ... है।

(a) सेल का 'रो' लेबल
(b) सेल का कॉलम लेबल और वर्कशीट टैब नाम
(c) सेल का 'रो' और 'कॉलम' लेबल
(d) सेल का कॉलम लेबल

12. पत्र लिखने जैसे कार्य करने के लिए प्रयुक्त सॉफ्टवेयर के प्रकार को .... कहते हैं।
(a) यूटिलिटी सॉफ्टवेयर
(b) एप्लीकेशन सॉफ्टवेयर
(c) GUI सॉफ्टवेयर
(d) यूजर नीड्स सॉफ्टवेयर

13. बैकअप क्या होता है?
(a) मूल स्त्रोत से निजी भिन्न डेस्टिनेशन पर कॉपी करके डाटा का संरक्षण करना
(b) अपने नेटवर्क को अधिक कम्पोनेन्ट जोड़ना
(c) टेप पर डाटा को एक्सेस करना
(d) नये डाटा से पुराना डाटा फिल्टर करना

14. स्प्रेडशीट में सेल को निम्नानुसार परिभाषित किया जाता है-
(a) रो और कॉलम का इन्टरसेक्शन
(b) फील्ड और रिकार्ड का इन्टरसेक्शन
(c) टेबल और टुप्लेट का इन्टरसेक्शन
(d) फाइल और डाटाबेस का इन्टरसेक्शन

15. किसी शब्द को हाइलाइट करने के लिए आप क्या करोगे?
(a) माउस एक बार क्लिक करते
(b) माउस को रोल करके क्लिक करते है
(c) माउस को इर्द-गिर्द रोल करते हैं
(d) बटन डाउन होल्ड करते हुए माउस ड्रैग करते हैं

16. Memory Bank कहते हैं-
(a) की-बोर्ड (b) माउस
(c) डिस्क (d) मदरबोर्ड

17. पेज प्रिव्यु मोड में ....
(a) आप केवल उसी पेज के देख सकते हैं जिस पर आप उस समय काम कर रहे हैं
(b) आप केवल वही पेज देख सकते हैं जिसमें ग्राफिक्स न हो
(c) आप केवल अपने डॉक्यूमेन्ट का टाइटल पेज देख सकते हैं
(d) आप अपने डॉक्यूमेन्ट के सभी पेज देख सकते हैं

18. विनिर्माण के समय रिकार्ड किया गया डिस्क का कन्टेन्ट जिसे यूजर चेन्ज या इरेज नहीं कर सकता है निम्नलिखित होता है-
(a) केवल रन (b) केवल रीड
(c) केवल मैमोरी (d) केवल राइट

19. बिजली बन्द किए जाने के बाद जो स्टोरेज अपना डाटा रखती है उसे .... कहते हैं।
(a) सीक्वेंशियल स्टोरेज (b) बोलैटाइल स्टोरेज
(c) नॉन बोलैटाइल स्टोरेज (d) डायरेक्ट स्टोरेज

20. .... न हो, तो कम्प्यूटर 'बूट' नहीं कर सकता।
(a) एसेम्बलर (b) ऑपरेटिंग सिस्टम
(c) लोडर (d) कम्पाइलर

21. पहले से ऑन कम्प्यूटर को रिस्टार्ट करने को क्या कहते हैं?
(a) वार्म बूटिंग (b) कोल्ड बूटिंग
(c) लॉगिंग ऑफ (d) कोल्ड बूटिंग

22. इसमें कम्प्यूटर का कौन-सा भाग अनिवार्य नहीं है-
(a) रैम (b) माउस
(c) मॉनीटर (d) स्कैनर

23. कम्पाइलर हायर-लेबल प्रोग्रामों को मशीन लैंग्वेज में ट्रांसलेट करता है जिसे .... कहते हैं।
(a) ऑब्जेक्ट कोड (b) सोर्स कोड
(c) विटा कोड (d) कम्पाइल्ड कोड

24. ट्रांजिस्टर क्या है?
(a) सैड कन्डक्टर (b) सेमी कन्डक्टर
(c) बैड कन्डक्टर (d) गुड कन्डक्टर

25. एक बार में एक लाइन मुद्रित करने वाले प्रिंटर को क्या कहते हैं-
(a) वन लाइनर
(b) सीरज प्रिंटर
(c) सीरियल प्रिन्टर
(d) लाइन एण्ड पेज प्रिन्टर

26. माइक्रोसाफ्ट ऑफिस एक्सेल डाक्यूमेन्ट में से प्रत्येक सेल अपने सेल एड्रेस से रिफर किया जाता है, जो .... है।

(a) सेल का रो लेबल

(b) सेल का कॉलम लेबल

(c) सेल का कॉलम लेबल और वर्कशीट टैब नाम

(d) सेल का रो और कॉलम लेबल

27. किस व्यू में आप किसी प्रस्तुतीकरण की स्लाइडों को क्रम में लगा सकते हैं?

(a) स्लाइड सॉर्टर व्यू (b) नार्मल व्यू

(c) स्लाइड शो व्यू (d) ये सभी

28. स्लाइड ट्रांजिट के समय निम्न में कौन सी स्पीड उपलब्ध नहीं है?

(a) मीडियम (b) स्लो

(c) फास्ट (d) बहुत स्लो

29. सेब्ड डॉक्यूमेंट को .... कहते हैं।

(a) वर्ड (b) प्रोजेक्ट

(c) फाइल (d) फोल्डर

30. सेविंग .... का प्रोसेस है-

(a) की बोर्ड को प्रयोग से टेक्स्ट एण्टर करके डॉक्यूमेण्ट डेवलप करना

(b) किसी डॉक्यूमेण्ट को मैमोरी से स्टोरेज मीडियम में कापी करना

(c) किसी डॉक्यूमेण्ट के अपियरंस या ओवरऑल लूक को बदलना

(d) किसी डॉक्यूमेण्ट के एग्जिस्टिंग कन्टेन्ट में परिवर्तन करना

31. वर्ड प्रोसेसिंग में, तीसरे पैराग्राफ को पाँचवे पैराग्राफ के बाद रखने की आसान क्रिया है-

(a) कट एण्ड पेस्ट

(b) कट, कापी एण्ड पेस्ट

(c) कापी, कट एण्ड पेस्ट (d) कापी एण्ड पेस्ट

32. वर्कशीट में कॉलम और रो के इन्टसेकशन को क्या कहते हैं?

(a) वैल्यू (b) सेल

(c) एड्रेस (d) कॉलम

33. .... का प्रयोग करके टेक्स्ट को बहुत दक्षता से एण्टर और एडिट किया जाता है।

(a) स्प्रेडशीट

(b) डेस्कटॉप पब्लिशिंग प्रोग्राम

(c) टाइपराइटर

(d) वर्ड प्रोसेसिंग प्रोग्राम

34. स्लाइड .... का प्रयोग करते हुए प्रजेंटेशन में सभी स्लाइडों के फॉन्ट की विशेषताओं को बदला जा सकता है।

(a) आइकन (b) स्टाइल

(c) मास्टर (d) थीम

35. यदि आप चाहते हैं कि एक स्लाइड विनिर्दिष्ट समय के बाद ऑटोमेटिकली आगे जाए, तो एनिमेशन्स के टैब में इस स्लाइड ग्रुप के ट्रांजिशन में .... चेक बॉक्स में क्लिक करें।

(a) ट्रांजिशन आफ्टर

(b) ऑटोमैटिकली आफ्टर

(c) ऑटोमैटिक टाइमर

(d) ट्रांजिशन टाइमर

36. वर्ड प्रोग्राम .... के घटकों में ये शामिल होते हैंटाइरल बार, रिबन, स्टेट्स बार, व्यूज और डॉक्युमेन्ट वर्कस्पेस।

(a) एक्सप्लोरर (b) विण्डो

(c) वेबसाइट (d) ब्राउजर

37. किसी भी वर्ड डॉक्यूमेंट का बैकग्राउण्ड

(a) सारे डाक्यूमेन्ट के लिए एक सा होता है

(b) उस रंग का होता है जिसे ऑप्शन मीनू में प्रीसेट करते हैं

(c) हमेशा सफेद रंग का होता है

(d) किसी भी रंग का हो सकता है जिसे आप चुनें

38. वर्ड में किसी डॉक्युमेन्ट में किसी खास शब्द या वाक्यांश को सबसे जल्दी और सरल तरीके से ढूढ़ता हो, तो .... कमाण्ड का प्रयोग करना चाहिए।

(a) लुकअप (b) फाइन्ड

(c) रिप्लेस (d) सर्च

39. बिलिंग अकाउण्ट का ट्रैक रखने के लिए किस प्रकार के सॉफ्टवेयर के प्रयोग किए जाने की सबसे ज्यादा संभावना है?
(a) इलैक्ट्रानिक पब्लिशिंग (b) वेब ऑथरिंग
(c) वर्ड प्रोसैसिंग (d) स्प्रैडशीट

40. टेबल के कन्टेन्ट्स को कॉलम की चौड़ाई में आटोमैटिकली फिट करने के लिए वर्ड को इंस्ट्रक्ट करने हेतु .... बटन क्लिक कर ऑटोफिट कन्टेन्ट्स को प्वाइन्ट कीजिए-
(a) ऑटोफिट (b) कन्टेन्ट्स
(c) फॉर्मेट (d) फिट टू फार्म

41. सेलेक्टेड टेक्स्ट को सभी कैपिटल लेटर्स में चेन्ज करने के लिए चेज केस बटन क्लिक कर फिर .... क्लिक करें।
(a) UPPER ALL (b) लॉक अपर
(c) लार्ज साइज (d) Caps Lock

42. वर्कशीट का बेसिक यूनिट जिसमें आप एक्सेल में डाटा एन्टर करते हैं उसे .... कहते हैं-
(a) सेल (b) रेन्ज
(c) टैब (d) बॉक्स

43. वर्ड में आप .... एक पेज ब्रेक फोर्स कर सकते हैं-
(a) आपके डॉक्यूमेन्ट का फॉन्ट साइज चेंज कर
(b) इनसर्ट/सेक्शन ब्रेक का प्रयोग कर
(c) कर्सर को उचित स्थान पर रखकर और FI की प्रेस कर
(d) कर्सर को उचित स्थान पर रखकर Ctrl + Enter प्रेस कर

44. एक्सेल में डिफॉल्ट व्यू .... होता है-
(a) ऑटो (b) रोमन
(c) वर्क (d) नोर्मल

45. सबसे पहला कम्प्यूटर वायरस था
(a) PARAM (b) Creeper
(c) HARLIE (d) The Famous

46. हार्डडिस्क तथा DOS में पाया जाने वाला वायरस है
(a) अटैच वायरस (b) बूट सेक्टर वायरस
(c) फाइल वायरस (d) प्वाइटिंग वायरस

47. कृत्रिम बोध अपनाने वाली कम्प्यूटर भाषा निम्न में से कौन सी है?
(a) एडा (b) यूनिक्स
(c) एफेल (d) लिस्प

48. विन्डोज 95, विन्डोज 98 और विन्डोज NT .. .. के नाम से जाने जाते हैं-
(a) डोमेन नेम
(b) मोडेम्स
(c) प्रोसेसर्स
(d) ऑपरेटिंग सिस्टम

49. वर्ड में टेक्स्ट की फॉर्मेटिंग करते समय किस ग्रुपिंग में काम किया जाता है?
(a) इण्डेक्स, करेक्टर्स और पैराग्राफ्टस
(b) टेबल्स, पैराग्राफ्स और इण्डेक्सेज
(c) करेक्टर्स, सेक्शन्स और पैराग्राफ्स
(d) पैराग्राफ्स, इण्डेक्सेज और सेक्शन्स

50. टैक्स्ट के ऊपर माउस ऐसे को ड्रैग करते हुए शेडिंग द्वारा टेक्स्ट सेलेक्ट करने को .... कहते हैं-
(a) फेच (b) डिकोड
(c) क्लिप आर्ट (d) हाइलाइट

सही और गलत

51. एक किलोबाट लगभग 1000 बाइट के बराबर है।
(a) सही (b) गलत

52. सुपर कम्प्यूटर, सबसे महंगे एवं आधुनिक कम्प्यूटर हैं।
(a) सही (b) गलत

53. कम्पनी में कर्मचारियों को काम के समय अपनी ई-मेल आदि कम्पनी के कम्प्यूटर पर देखने का अधिकार नहीं है।
(a) सही (b) गलत

54. पीटीएक्स मदरबोर्ड एटीएक्स पॉवर सप्लाई पर इस्तेमाल नहीं किए जा सकते।
(a) सही (b) गलत

55. किसी भी वायरलेस उपकरण को लेन के द्वारा वायरलेस एक्सेस प्वॉइंट से जोड़ा नहीं जा सकता।
(a) सही (b) गलत

56. फ्लॉपी ड्राइव को छोड़कर सभी आई/ओ उपकरण सॉफ्टवेयर द्वारा नियन्त्रित होते हैं।
(a) सही (b) गलत

57. फॉर्म फैक्टर किसी हार्डवेयर घटक के आकार, बनावट एवं मुख्य बिन्दु होते हैं।
(a) सही (b) गलत

58. किसी भी कम्प्यूटर के एक प्रोसेसर की क्षमता इतनी है कि वे प्रत्येक सेकेण्ड में अरबों की संख्या में दिए गए निर्देशों का पालन कर सकते हैं।
(a) सही (b) गलत

59. किसी भी कम्प्यूटर के इंटेलिजेन्ट टर्मिनल उसके इनपुट और आउटपुट डिवाइस होते हैं जो कि किसी भी डाटा पर कार्यवाही नहीं करते हैं।
(a) सही (b) गलत

60. जीएनयू/लाईनेक्स ओपन सोर्स ऑपरेटिंग प्रणाली है।
(a) सही (b) गलत

61. सॉफ्टवेयर इनपुट पर आधारित कार्यों को करने के लिए हार्डवेयर का इस्तेमाल करते हैं।
(a) सही (b) गलत

62. कम्प्यूटर पर चल रही प्रत्येक सेवा के लिए एक पोर्ट नम्बर होता है; यदि वह सेवा सर्वर पर नहीं हो तब भी।
(a) सही (b) गलत

63. किसी भी यूज़र ग्रुप के अधिकारों एवं अनुज्ञा को यूज़र अकाउण्ट में व्याख्यायित किया जाता है।
(a) सही (b) गलत

64. एक सनियंत्रण प्रणाली वह सॉफ्टवेयर है जो कम्प्यूटर को नियंत्रित करता है।
(a) सही (b) गलत

65. कम्प्यूटरों का समूह समाकलन कम्प्यूटर प्रणाली बनाता है।
(a) सही (b) गलत

66. मॉनीटर पर जानकारी दिखाई देती है।
(a) सही (b) गलत

67. एसडी कार्ड एक आउटपुट डिवाइस है।
(a) सही (b) गलत

68. माइक्रोफोन एक इनपुट डिवाइस है।
(a) सही (b) गलत

69. पैन ड्राईव एक स्टोरेज डिवाइस है।
(a) सही (b) गलत

70. माइक्रोसॉफ्ट ऑफिस एक प्रकार का सॉफ्टवेयर है।
(a) सही (b) गलत

71. सुपर कम्प्यूटर सबसे शक्तिशाली कम्प्यूटर है जिन्हें दी गई जानकारी की प्रक्रिया करने के लिए इस्तेमाल किया जाता है। यह प्रक्रिया काफी धीमी है।
(a) सही (b) गलत

72. ब्लूटूथ वह वायरलेस कनेक्शन जिसे कम दूरी यानी कि 30 फुट की दूरी की कनेक्टिविटी के लिए इस्तेमाल किया जा सकता है।
(a) सही (b) गलत

73. वाई-फाई नेटवर्क की क्षमता 300 फुट है।
(a) सही (b) गलत

74. एसडी कार्ड वह एक्सपेंशन कार्ड है जिसे लैपटाप पर इस्तेमाल किया जाता है।
(a) सही (b) गलत

75. फायर वॉल एक प्रकार का हार्डवेयर है।
(a) सही (b) गलत

76. प्राइमरी मैमोरी की एक इकाई की दर सैकेण्डरी मैमोरी की एक इकाई की दर से बहुत कम है।
(a) सही (b) गलत

77. नया सीडी-रोम 80 मिनट का ऑडियो डाटा का भण्डारण कर सकता है।
(a) सही (b) गलत

78. सीडी-आर डब्लू ऑडियो डाटा का भण्डारण नहीं कर सकते।
(a) सही (b) गलत

79. आई एस पी का अर्थ है इंटरनेट सर्विस प्रोटोकॉल।
(a) सही (b) गलत

80. हाइपर टैक्स्ट का अभिप्राय बहुत-सी तस्वीरों एवं आवाजों से है।
(a) सही (b) गलत

81. प्रिंटर आउटपुट डिवाइस होता है।
(a) सही (b) गलत

82. कम्प्यूटर प्रोग्राम लिखने और टेस्ट करने वाले व्यक्ति को प्रोजेक्ट डेवलपर कहा जाता है।
(a) सही (b) गलत

83. पेज प्रिव्यू मोड में डॉक्यूमेंट के सभी पेज देखे जा सकते हैं।
(a) सही (b) गलत

84. वर्ड में डॉक्यूमेंट में किसी शब्द या वाक्यांश को ढूंढने का सबसे तेज व आसान तरीका लुकअप करना है।
(a) सही (b) गलत

85. वीडियो कार्ड को डिस्प्ले एडॉप्टर के नाम से जाना जाता है।
(a) सही (b) गलत

86. फाइल कम्प्रेशन यूटीलिटी का प्रयोग फाइल का साइज बढ़ाने में होता है।
(a) सही (b) गलत

87. नोटपैड टेक्स्ट वर्ड प्रोसेसर से बाद में बना था।
(a) सही (b) गलत

88. ओपेरा वेब ब्राउसर को सॉफ्टवेयर द्वारा वर्ष 1997 में डेवलेप किया गया था।
(a) सही (b) गलत

89. हार्ड डिस्क और फ्लॉपी का Status (वर्तमान हाल) पता करने के लिए CHKDSK का प्रयोग किया जाता है।
(a) सही (b) गलत

90. स्क्रॉल बार डॉक्यूमेंट में ब्राउस करने की सुविधा देता है।
(a) सही (b) गलत

91. अधिकतर मेल-यूजर अपने पहले और आखिरी नाम को जोड़कर यूजर नेम नहीं चुनते हैं।
(a) सही (b) गलत

92. न्यूमैरिक की-पैड की-बोर्ड के दाहिने भाग में स्थित होता है।
(a) सही (b) गलत

93. एचटीटीपी की फुल फॉर्म हाइपर टेक्स्ट ट्रांसफर प्रोटोकॉल है।
(a) सही (b) गलत

94. सिलीकॉन की पर्त चढ़ी इंटीग्रेटेड सर्किट चिप के विकास का श्रेय राबर्ट नोयी को जाता है।
(a) सही (b) गलत

95. मार्केट में दो प्रकार के कम्प्यूटर (ब्रांड नेम व क्लोन (एसेम्बल)) मौजूद हैं।
(a) सही (b) गलत

96. ट्रबलशूटिंग कम्प्यूटर सिस्टम के हार्डवेयर को तलाशकर उसे ठीक नहीं करता है।
(a) सही (b) गलत

97. कम्प्यूटर के अधिकांश कम्पोनेंट को सॉफ्टवेयर की आवश्यकता होती है उसे ड्राइवर कहते हैं।
(a) सही (b) गलत

98. केवल कनेक्टर पाँच पिन का डिन कनेक्टर होता है।
(a) सही (b) गलत

99. कई नए कम्प्यूटरों में छोटे छह पिन वाले डिन कनेक्टर की आवश्यकता नहीं होती है।
(a) सही (b) गलत

100. डिन कनेक्टर को पीएस/2 कनेक्टर भी कहा जाता है।
(a) सही (b) गलत

उत्तरमाला

1. (d)	**2.** (a)	**3.** (b)	**4.** (a)	**5.** (c)	**6.** (d)	**7.** (a)	**8.** (b)	**9.** (b)	**10.** (a)
11. (c)	**12.** (b)	**13.** (c)	**14.** (a)	**15.** (d)	**16.** (c)	**17.** (d)	**18.** (b)	**19.** (c)	**20.** (b)
21. (a)	**22.** (d)	**23.** (d)	**24.** (b)	**25.** (d)	**26.** (d)	**27.** (a)	**28.** (d)	**29.** (c)	**30.** (b)
31. (a)	**32.** (b)	**33.** (d)	**34.** (a)	**35.** (c)	**36.** (b)	**37.** (d)	**38.** (b)	**39.** (d)	**40.** (a)
41. (d)	**42.** (a)	**43.** (b)	**44.** (d)	**45.** (b)	**46.** (b)	**47.** (d)	**48.** (d)	**49.** (c)	**50.** (d)
51. (a)	**52.** (a)	**53.** (b)	**54.** (b)	**55.** (a)	**56.** (a)	**57.** (a)	**58.** (a)	**59.** (b)	**60.** (a)
61. (a)	**62.** (b)	**63.** (a)	**64.** (a)	**65.** (a)	**66.** (a)	**67.** (b)	**68.** (b)	**69.** (a)	**70.** (a)
71. (b)	**72.** (a)	**73.** (a)	**74.** (b)	**75.** (b)	**76.** (b)	**77.** (a)	**78.** (a)	**79.** (b)	**80.** (b)
81. (a)	**82.** (b)	**83.** (a)	**84.** (b)	**85.** (b)	**86.** (b)	**87.** (b)	**88.** (b)	**89.** (a)	**90.** (a)
91. (b)	**92.** (a)	**93.** (a)	**94.** (b)	**95.** (a)	**96.** (b)	**97.** (a)	**98.** (a)	**99.** (b)	**100.** (a)

प्रैक्टिस टेस्ट पेपर-XIII

1. **सॉफ्टकॉपी का अर्थ है-**
   (a) म्यूजिक आउटपुट (b) प्रिंटिड आउटपुट
   (c) स्क्रीन आउटपुट (d) डिजिटाइजिंग

2. **उस प्रोग्राम को क्या कहते हैं जिससे रो और कॉलम में संख्याओं की गणना की जा सकती है?**
   (a) वर्ड प्रोसैसर (b) स्प्रेडशीट प्रोग्राम
   (c) विण्डो (d) ग्राफिक्स पैकेज

3. **पहला ई-मेल भेजा गया-**
   (a) 1963 (b) 1969
   (c) 1974 (d) 1971

4. **क्लाइंट/ग्राहक के कम्प्यूटर के संसाधनों को .. .. नियंत्रित करता है।**
   (a) अनुदेश सैट (b) एप्लीकेशन प्रोग्राम
   (c) सर्वर एप्लीकेशन (d) ऑपरेटिंग प्रणाली

5. **वेब पेज/पृष्ठ को रीलोड करने हेतु .... बटन दबाएं।**
   (a) रिफ्रेश (b) रीलोड
   (c) सीटीआरएल (d) रीडू

6. **निम्नलिखित में से कौन-से प्रकार का कम्प्यूटर सॉफ्टवेयर खरीदा नहीं जा सकता?**
   (a) कस्टम-विकसित (b) ऑफ-द-शेल्फ
   (c) टेलर मोड
   (d) ऑफ-द-शेल्फ बदलावों सहित

7. **कम्प्यूटर सॉफ्टवेयर की परिभाषा ऐसी हो सकती है-**
   (a) कम्प्यूटर और नेटवर्क के बीच का इंटरफेस/चर्चा
   (b) ऐसे अनुदेश जो कम्प्यूटर को बताते हैं कि क्या करना है
   (c) कम्प्यूटर और उसके सहयोगी साधन/उपकरण
   (d) कम्प्यूटर और उसके डाटा बेस के बीच का इंटरएक्शन/परिचर्चा

8. **किस वर्ष ईमेल एड्रेस में @ की शुरूआत हुई?**
   (a) 1976 (b) 1973
   (c) 1980 (d) 1972

9. **CRM का अर्थ है-**
   (a) कस्टमर रिटेन्शन मैनेजर
   (b) कस्टमर रिलेटिव मीट
   (c) कस्टमर एन्ट मार्केट
   (d) कस्टमर रिलेशन मैनेजमेंज

10. **प्रोसिजरों/पद्धतियों के कई प्राइमरी/प्राथमिक प्रवर्ग हैं। निम्नलिखित में से प्रोसिजर्स/पद्धतियों का प्राइमरी/प्राथमिक प्रवर्ग नहीं है?**
    (a) फायर बॉल विकास (b) टेस्टिंग/परीक्षण
    (c) डिजाइन/संरचना (d) बैकअप और रिकवरी

11. **प्रोसेसिंग डिवाइस/उपकरण का उदाहरण होगा-**
    (a) टैबलेट पीसी (b) स्कैनर्स
    (c) कुंजी पटल (d) विशेष कार्य कार्ड

12. **स्टोरेज मीडिया के रूप में, निम्नलिखित में से क्या सीडी-रोम (CD-ROM) के फायदे हैं?**
    (a) मैग्नेटिक डिस्क की तुलना में सीडी रोम डिस्क डाटा और जानकारी जल्दी पुन: प्राप्त कर सकती है।
    (b) वृहत स्तर पर डाटा और जानकारी स्टोर करने का सीड-रोम (CD-ROM) एक कम खर्चीला / इनएक्सपेंसिव
    (c) मैग्नेटिक मीडिया की अपेक्षा सीडी-रोम कम गलतियां करते हैं
    (d) ये सभी

13. **फ्री वेयर के दो उदाहरण क्या हैं?**
    (a) माइक्रोसॉफ्ट वर्ड और गूगल टूलबार
    (b) इंस्टंट मेसेजिंग और गूगल टूलबार
    (c) विनझिप और लिनक्स
    (d) शेयरवेयर और फाइल शेयरिंग

14. यदि डिस्कड्राइव बंद हो जाए/फेल हो जाए, लेकिन कम्प्यूटर एप्लिकेशन हो रहा है और उसके उपयोग से प्रोसेसिंग चालू है तब ऐसे ऐप्लिकेशन को .... फीचर सहित संरचित करना कहा जाता है।

(a) उच्च विश्वसनीयता (b) 100 प्रतिशत अपटाइम
(c) फॉल्ट टॉलरस (d) ये सभी

15. इंटरनेट जोड़ने के लिए कौन-सी चार चीजें आवश्यक हैं?

(a) टेलीफोन लाइन, मोडेम, कम्प्यूटर और आईएसपी (ISP)
(b) टेलीफोन लाइन, पीडीए (PDA), मोडेम और कम्प्यूटर
(c) कम्प्यूटर, आईएसपी (ISP), मॉडेम और सम्प्रेषण सॉफ्टवेयर
(d) मोडेम, कम्प्यूटर, पीडीए (PDA) और आईएसपी (ISP)

16. एक ब्राउजर विंडो में साथ-साथ विभिन्न पृष्ठों/पेजों को खुला रखने हेतु .... समर्थन देता है।

(a) पॉप-अपहेल्पर (b) पता/एड्रेस बार
(c) टैब बॉक्स (d) टेब रो/कतार

17. एक्सल में डिफॉल्ट व्यू ------ होता है।

(a) ऑटो (b) रोमन
(c) वर्क (d) नॉर्मल

18. एक विक्रेता क्लर्क, चेक आउट काउंटर पर किसी चीज का टैग स्कैन कर रहा है बजाए इसके कि सिस्टम में कीइंग करना, वह .... का प्रयोग कर रहा है।

(a) आइटम डाटा ऑटोमेशन
(b) स्कैनिंग ऑटोमेशन
(c) इनपुट ऑटोमेशन
(d) सॉर्स डाटा ऑटोमेशन

19. क्लासरूम में न जाते हुए कम्प्यूटरों के विषय में अध्ययन के लोकप्रिय तरीके को .... कहा जाता है।

(a) ई-लर्निंग (b) आय-लर्निंग
(c) क्लोज लर्निंग (d) आयसोलेटेड लर्निंग

20. उनकी पहचान/आइडेंटिटी को गलत दिखलाने / झुठलाने के जरिए व्यक्तियों द्वारा .... प्रयास है, ताकि आपसे गोपनीय सूचनाएं प्राप्त की जा सकें।

(a) फिशिंग ट्रिप्स (b) वायरस
(c) फिशिंग स्कैम्स (d) स्पायवेअर स्कैम्स

21. निम्नलिखित में से कौन-सा ऑप्टिकल डिस्क का उदाहरण है?

(a) मैग्नेटिक डिस्कस्
(b) मेमोरी डिस्कस्
(c) डाटा बस डिस्कस्
(d) डिजिटल वर्सटाइल डिस्कस्

22. निम्नलिखित में से कौन-सा स्टोरेज डिवाइस / उपकरण का उदाहरण है?

(a) टेवस्
(b) डीवीडीज् (DVDs)
(c) चुम्बकीय/मैग्नेटिक डिस्क
(d) ये सभी

23. .... फोल्डर संदेशों की कापियाँ रखता है जिन्हें आपने आरम्भ किया है तथापि भेजने हेतु तैयार नहीं है।

(a) पतों का पुस्तक (b) इन बॉक्स
(c) ड्राफ्ट्स (d) सेंट/भेजे गए आइटम्स

24. निम्नलिखित में से कौन-से घटकों के विषय में स्टोरेज और मेमोरी भिन्न हैं?

(a) कीमत/मूल्य (b) विश्वसनीयता
(c) गति (d) ये सभी

25. एक ———————— नामक शब्द प्रयोग होता है जब सर्च इंजन वेब पृष्ठ/पेज लौटाता है जो शोध परिमाण/क्रायटेरिया को मैच करता है।

(a) ब्लॉग (b) लिंक
(c) सक्सेस (d) ह्वयू

26. इनमें से कौन-सी कुंजी नम्बर की पैड पर नही है?

(a) नम लॉक (b) कंट्रोल
(c) डिलीट (d) एंटर

27. उस प्रोग्राम को क्या कहते हैं, जो हाई-लेबल लैंग्वेज सोर्स फाइल को मशीन लैंग्वेज फाइल में कन्वर्ट करता है?

(a) कम्पाइलर (b) लिंकर
(c) एसेम्बलर (d) ट्रांसलेटर

28. कम्प्यूटर सूचना की जिस सबसे छोटी इकाई को समझा और प्रोसैस कर पाता है, उसे .... कहते हैं।

(a) बाइट (b) किलोबाइट
(c) बिट (d) डिजिट

29. कम्प्यूटर के सम्बन्ध में कम्पैटिबिलिटी का अर्थ है ....

(a) यह जॉब को हैंडल करने के लिए काफी उपयोगी है
(b) सॉफ्टवेयर कम्प्यूटर पर रन होने में समर्थ है
(c) सॉफ्टवेयर पहले से इंस्टाल्ड सॉफ्टवेयर के साथ रन हो रहा है
(d) सॉफ्टवेयर प्रयोक्ता के लिए सही काम कर रहा है

30. स्टोरेज डिवाइस में मैन फोल्डर को क्या कहते हैं?

(a) रूट डाइरेक्टरी (b) प्लेटफार्म
(c) इंटरफेस (d) होमपेज

31. RAM .... और .... होता है।

(a) वोलाटाइल, परमानेंट
(b) नॉन वोलाटाइल, टेम्परेरी
(c) नॉन वोलाटाइल, परमानेंट
(d) वोलाटाइल, टेम्परेरी

32. कौन-सी हार्डवेयर की आइटम नहीं है?

(a) MP3 फाइल (b) माउस
(c) की-बोर्ड (d) मॉनीटर

33. जिस बॉक्स में कम्प्यूटर के केन्द्रीय इलेक्ट्रॉनिक कम्पोनेंट होते हैं उसे .... कहते हैं।

(a) इनपुट डिवाइस (b) पेरिफेरल
(c) सिस्टम यूनिट (d) मदरबोर्ड

34. बाइनरी चॉइस कितने विकल्प देती है?

(a) एक
(b) दो
(c) तीन
(d) यह कम्प्यूटर में मेमोरी की मात्रा पर निर्भर करता है

35. कम्प्यूटर के भीतर पाई जाने वाली स्टोरेज डिवाइस .... है।

(a) हार्डडिस्क (b) सुपरडिस्क
(c) जिप डिस्क (d) CD ROM

36. जो डिवाइस मदरबोर्ड से जुड़ी है वह ....

(a) एक्टर्नल डिवाइस कहलाती है
(b) रिबन केबल का प्रयोग करते हुए कनेक्ट होनी चाहिए
(c) एड्जंक्ट डिवाइस कहलाती है
(d) पेरिफेरल डिवाइस कहलाती है

37. फाइल क्या होती है?

(a) फाइल प्रोग्राम का एक भाग होती है जिसे यह डिस्क्राइब करने के लिए प्रयोग किया जाता है कि प्रोग्राम को क्या करना चाहिए
(b) फाइल सूचना का एक संग्रह है जिसे एक नाम दिया गया होता है और उसे सेकेंडरी मेमोरी में स्टोर किया जाता है
(c) फाइल डाटा स्टोर करने के लिए प्रयुक्त मुख्य स्टोरेज का एक भाग होती है
(d) फाइल फ्लॉपी डिस्क का दूसरा नाम है

38. यह कैसे सम्भव है कि प्रोग्राम और डाटा दोनों को एक ही फ्लॉपी पर स्टोर किया जा सकता है?

(a) फ्लापी डिस्क केवल डाटा स्टोर कर सकती है, प्रोग्राम नहीं
(b) फ्लॉपी डिस्क को एक या दूसरे के लिए फॉर्मेट करना पड़ता है
(c) प्रोग्राम और डाटा दोनों सॉफ्टवेयर हैं और दोनों को किसी भी मेमोरी डिवाइस पर स्टोर किया जा सकता है
(d) फ्लॉपी डिस्क में दो साइड होते हैं, एक डाटा के लिए एक प्रोग्राम के लिए

39. डाटा के किसी खास टुकड़े की लोकेशन का नाम इसका.......... होता है।

(a) एड्रेस (b) डाटा लोकेशन

(c) मेमोरी नेम (d) स्टोरेज साइट

40. दो भिन्न-भिन्न फाइलों का एक ही नाम हो सकता है, यदि ....

(a) वे अलग-अलग फोल्डरों में हों

(b) कभी नहीं

(c) नामों के अलग-अलग ढंग से बड़े अक्षर लिखे जाएं

(d) वे अलग-अलग ड्राइव में हों

41. कम्प्यूटर प्रोग्रामों की डॉक्यूमेंटेशन महत्त्वपूर्ण है ताकि ———

(a) दूसरे प्रोग्रामर जान सकते हैं कि प्रोग्राम को मेनटेन कैसे करना है

(b) गलती के स्रोतों का पता लगाते समय प्रोग्रामर देख सकता है कि कोड उस तरह से क्यों लिखा गया है

(c) प्रयोक्ता सीख सकें कि प्रोग्राम का प्रयोग कैसे करना है

(d) उपर्युक्त सभी

42. सेकेंडरी स्टोरोज ....

(a) को लगातार बिजली की जरूरत नहीं होती

(b) में चार मुख्य प्रकार की डिवाइसें होती हैं

(c) बाद में रिट्रिव करने के लिए सूचना को स्टोर नहीं करती

(d) मैग्नेटिक मीडिया का प्रयोग नहीं करती

43. प्रोग्रामों और स्टोरेज स्पेस शेयर करने के लिए सर्वर से लिंक कई कम्प्यूटर किसमें होते हैं?

(a) ग्रुपिंग (b) लाइब्रेरी

(c) नेटवर्क (d) इंटीग्रेटेड सिस्टम

44. इस डिवाइस को क्या कहते हैं, जो कम्प्यूटर को इमरजेंसी पॉवर देती है, वोल्टेज को अनुकूल करती है, बढ़ी हुई बिजली से सुरक्षित करती है?

(a) UPPS = यूनिवर्सल पॉवर प्रोटेक्शन और सप्लाई

(b) PSU = पॉवर सप्लाई यूनिट

(c) USP = यूनिवर्सल सर्ज प्रोटैक्टर

(d) UPS = अनइंट्रप्टिबल पॉवर सप्लाई

45. पिक्चर, साउंड और वीडियो से बनी आउटपुट को क्या कहते हैं?

(a) ग्राफिक्स (b) मल्टीमीडिया

(c) हार्डकॉपी (d) COM

46. प्रयोग करने के लिए फ्लॉपी डिस्क तैयार करने की प्रक्रिया को .... कहते हैं-

(a) फारमैटिंग (b) पार्सिंग

(c) एसेम्बलिंग (d) ट्रांसलेटिंग

47. फील्ड .... का रिलेटिड ग्रुप है-

(a) रिकॉर्ड्स (b) करेक्टर्स

(c) केबल्स (d) फाइल्स

48. फाइल का अर्थपूर्ण नाम हो, तो आसानी से फाइल .... में मदद मिलती है।

(a) प्रिंटिंग (b) आइडेंटिफिकेशन

(c) एक्सेसिंग (d) स्टोरिंग

49. सभी हार्डवेयर, सॉफ्टवेयर, स्टोरेज और प्रोसैसिंग को एक ही लोकेशन में रखने को ...... कहते हैं।

(a) होस्ट कम्प्यूटर (b) सेंट्रलाइज्ड प्रोसैसिंग

(c) टाइम शेयरिंग (d) डिस्ट्रीब्यूटिड सिस्टम

50. रिकॉर्ड का जो फाइल से होता है, स्टेटमेंट का वही .... से होता है।

(a) डाटा (b) प्रोग्राम

(c) प्रोसीजर (d) फाइल

सही और गलत

51. कंप्यूटर क्रांति में सहयोग करने वाले छोटे और सस्ते कंप्यूटर वृहत्त कहलाते हैं।

(a) सही (b) गलत

52. अति वृहत्त स्तरीय एकीकरण (VLSI) में 100 या अधिक इलेक्ट्रॉनिक घटक होते हैं।

(a) सही (b) गलत

53. कृत्रिम बुद्धि, अध्ययन का ऐसा क्षेत्र है, जो कंप्यूटर को मानव की तरह सोचने में सक्षम बनाता है।

(a) सही (b) गलत

54. ट्रैकबॉल एक आउटपुट उपकरण होता है।
(a) सही (b) गलत

55. यद्यपि आप एक प्रोग्रामर नहीं हैं तो भी आप कम्प्यूटर साक्षर हो सकते हैं।
(a) सही (b) गलत

56. प्रचलन का अध्ययन करने के लिए बड़े फुटकर व्यापारियों द्वारा आंकड़ा खनन का उपयोग किया जाता है।
(a) सही (b) गलत

57. स्मार्ट कार्ड क्रेडिट कार्ड की तरह प्लास्टिक के कार्ड होते हैं और इनमें माइक्रोचिप के रूप में बड़ी मात्रा में इन्फॉरमेशन होती हैं।
(a) सही (b) गलत

58. वायरलैस नेटवर्क द्वारा उपकरणों को पुनर्स्थापित करना आसान होता है।
(a) सही (b) गलत

59. जानकारी केंद्र, पूर्ण स्तरीय जानकारी सिस्टम के विकास के लिए कंपनी का प्राथमिक संसाधन है।
(a) सही (b) गलत

60. पेंट प्रोग्राम स्क्रीन पर मौजूद प्रत्येक छवि का ट्रैक रखते हैं।
(a) सही (b) गलत

61. अनुप्रयोग सॉफ्टवेयर, विशिष्ट समस्याओं को हल करने या विशिष्ट कार्य करने के लिए आपको सक्षम बनाता है।
(a) सही (b) गलत

62. डेस्कटॉप कम्प्यूटर हैंड-हेल्ड छोटा उपकरण है, जो आपकी वेब सर्फ करने और सहज कार्य करने में मदद करता है।
(a) सही (b) गलत

63. फोटो एडिटर में आप एयर ब्रश टूल का उपयोग करके स्क्रैच सुधार सकते हैं।
(a) सही (b) गलत

64. संग्रहण ऐसा डेटा है, जिसे एक अर्थपूर्ण तरीके से व्यवस्थित या प्रस्तुत किया जाता है।
(a) सही (b) गलत

65. एंटी-वायरस सॉफ्टवेयर एक स्क्रीन सेवर होता है।
(a) सही (b) गलत

66. अगर आपका सिस्टम क्रैश हो जाता है और आपसे उसे बंद करके पुनः चालू करने के लिए कहा जाता है, तो क्रैश-प्रूफ सॉफ्टवेयर जानकारी सहेजने में आपकी मदद करता है।
(a) सही (b) गलत

67. निरीक्षणात्मक स्थिति में योजना शामिल नहीं होती।
(a) सही (b) गलत

68. कुछ वर्ष पूर्व ही कम्प्यूटर के विकास के बाद गणना की आवश्यकता विकसित हुई थी।
(a) सही (b) गलत

69. आज की अत्यंत लोकप्रिय इनपुट तकनीक माउस है।
(a) सही (b) गलत

70. कंप्यूटर, डेटा प्रोसेस करने के लिए बाइनरी भाषा का उपयोग करता है।
(a) सही (b) गलत

71. कम्प्यूटर वर्णों के साथ अनन्य रूप से कार्य करके डेटा को जानकारी में तब्दील करता है।
(a) सही (b) गलत

72. छोटे से लेकर मध्यम आकार के व्यवसाय परिवेश में विभिन्न लोगों की संगणना आवश्यकताओं को पूरा करने के लिए वृहत कम्प्यूटर डिजाइन किया गया है।
(a) सही (b) गलत

73. वर्कशीट में विभिन्न कॉलम के डाटा को सेंटर में करने के लिए मर्ज व सेंटर कमाण्ड का प्रयोग कर सकते हैं।
(a) सही (b) गलत

74. ऑपरेटिंग सिस्टम उपयोगकर्ता इंटरफेस प्रदान करता है, कम्प्यूटर संसाधनों को नियंत्रित रखता है और प्रोग्राम चलाता है।
(a) सही (b) गलत

75. बिट शब्द मेगाबाइट का संक्षिप्त रूप है।
(a) सही (b) गलत

76. आठ 0 और 1 की स्ट्रिंग, मेगाबाइट कहलाती है।
(a) सही (b) गलत

77. कंप्यूटर थक और ऊब सकता है।
(a) सही (b) गलत

78. पिक्सेल प्रति इंच बिंदुओं की संख्या होती है।
(a) सही (b) गलत

79. लेज़र प्रिंटर, प्रिंटर का प्रकार नहीं है।
(a) सही (b) गलत

80. नलियों में स्याही की बूंदें जाने से इंकजेट प्रिंटर छवियां बनाता है।
(a) सही (b) गलत

81. अधिकांश कम्प्यूटर संबंधी त्रुटियां गलत तरीके से तैयार किए गए डेटा का परिणाम होती हैं।
(a) सही (b) गलत

82. कम्प्यूटर प्रोग्राम ऐसे लोगों द्वारा निर्दिष्ट क्रियाओं के जरिए कम्प्यूटर को निर्देश देता है, जिन्हें कम्प्यूटर प्रोग्रामर कहते हैं।
(a) सही (b) गलत

83. कम्प्यूटर पर चलने वाले कम्प्यूटर प्रोग्राम को हार्डवेयर के रूप में संदर्भित किया जाता है।
(a) सही (b) गलत

84. आयकन वाले मेनू विंडो की मुख्य बॉडी में मेनू विकल्पों को दर्शाने के लिए चित्रों का उपयोग करते हैं।
(a) सही (b) गलत

85. CPU को कम्प्यूटर के पेट के रूप में संदर्भित किया जाता है।
(a) सही (b) गलत

86. कम्प्यूटर, हार्डवेयर का एक भाग है।
(a) सही (b) गलत

87. एक टेराबाइट 10 मिलियन गीगाबाइट के बराबर होता है।
(a) सही (b) गलत

88. फ्लैश मैमोरी ड्राइव एक ठोस-अवस्था वाले मैमोरी डिवाइस का एक उदाहरण है।
(a) सही (b) गलत

89. CD, कलेक्टिव डिस्क के लिए प्रयुक्त होता है।
(a) सही (b) गलत

90. स्क्रॉलिंग करने से स्क्रीन पर प्रदर्शित जानकारी ऊपर और नीचे होती है।
(a) सही (b) गलत

91. एक बाइट जानकारी की सबसे छोटी इकाई होती है जिसे आपका कम्प्यूटर प्रोसेस कर सकता है।
(a) सही (b) गलत

92. ब्लूटूथ से आप अपना उपकरण किसी अन्य उपकरण से कनेक्ट कर सकते हैं।
(a) सही (b) गलत

93. एक प्रोसेसर कम्प्यूटर के लिए आपके आदेश स्वीकार करता है।
(a) सही (b) गलत

94. ऐसा सॉफ्टवेयर जो ट्रायल के लिए निःशुल्क है, शेयरवेयर कहलाता है।
(a) सही (b) गलत

95. फ्लॉपी ड्राइव, हार्ड ड्राइव और टेप ड्राइव सभी डेटा रीड करने के लिए मेग्नेट का उपयोग करते हैं।
(a) सही (b) गलत

96. FAT डिस्क फाइलों का स्थान सूचीबद्ध करता है।
(a) सही (b) गलत

97. हार्ड ड्राइव प्रत्येक क्षेत्र 512 बाइट का डेटा संग्रहीत करता है।
(a) सही (b) गलत

98. लिनैक्स एक ऑपरेटिंग सिस्टम नहीं है।
(a) सही (b) गलत

99. स्कैनर एक आउटपुट उपकरण होता है।
(a) सही (b) गलत

100. विंडोज 7 में, आप कम्प्यूटर की थीम और ध्वनि नहीं बदल सकते।
(a) सही (b) गलत

उत्तरमाला

1. (c)	**2.** (b)	**3.** (d)	**4.** (c)	**5.** (a)	**6.** (d)	**7.** (b)	**8.** (d)	**9.** (d)	**10.** (a)
11. (a)	**12.** (d)	**13.** (b)	**14.** (c)	**15.** (a)	**16.** (c)	**17.** (d)	**18.** (b)	**19.** (a)	**20.** (c)
21. (d)	**22.** (d)	**23.** (c)	**24.** (d)	**25.** (b)	**26.** (b)	**27.** (a)	**28.** (c)	**29.** (b)	**30.** (a)
31. (d)	**32.** (a)	**33.** (c)	**34.** (b)	**35.** (a)	**36.** (d)	**37.** (b)	**38.** (c)	**39.** (a)	**40.** (d)
41. (d)	**42.** (a)	**43.** (c)	**44.** (d)	**45.** (b)	**46.** (a)	**47.** (a)	**48.** (c)	**49.** (b)	**50.** (a)
51. (b)	**52.** (b)	**53.** (a)	**54.** (b)	**55.** (a)	**56.** (a)	**57.** (a)	**58.** (a)	**59.** (b)	**60.** (b)
61. (a)	**62.** (b)	**63.** (b)	**64.** (b)	**65.** (b)	**66.** (a)	**67.** (b)	**68.** (b)	**69.** (b)	**70.** (a)
71. (b)	**72.** (b)	**73.** (a)	**74.** (a)	**75.** (b)	**76.** (b)	**77.** (b)	**78.** (b)	**79.** (b)	**80.** (a)
81. (a)	**82.** (a)	**83.** (b)	**84.** (a)	**85.** (b)	**86.** (a)	**87.** (b)	**88.** (a)	**89.** (b)	**90.** (a)
91. (b)	**92.** (a)	**93.** (a)	**94.** (a)	**95.** (a)	**96.** (a)	**97.** (a)	**98.** (b)	**99.** (b)	**100.** (b)

प्रैक्टिस टेस्ट पेपर-XIV

1. **सॉफ्टकॉपी अमूर्त आउटपुट है तो हार्डकॉपी क्या है?**
   (a) फिजिकल आउटपुट डिवाइसेस
   (b) कम्प्यूटर के फिजिकल पार्ट
   (c) कम्प्यूटर के प्रिंटेड पार्ट
   (d) प्रिंटेड आउटपुट
2. **छोटी सिलिकॉन चिप पर ट्रांजिस्टरों और अन्य इलेक्ट्रॉनिक कम्पोनेंट वाले कम्पलीट इलेक्ट्रॉनिक सर्किट को ———— कहते हैं-**
   (a) CPU (b) इंटीग्रेटेड सर्किट
   (c) मैग्नेटिक डिस्क (d) वर्क स्टेशन
3. **कम्प्यूटर सिस्टम्स निम्नलिखित से बने होते हैं-**
   (a) हार्डवेयर, सॉफ्टवेयर प्रोसिजर नेटवर्क्स और लोग
   (b) हार्डवेयर, प्रोग्राम्स, प्रोसेसर्स प्रोसिजर और लोग
   (c) हार्डवेयर, प्रोग्राम्स, इन्फॉर्मेशन, लोग और प्रोसिजर
   (d) हार्डवेयर, प्रोग्राम्स, इन्फॉर्मेशन, लोग और नेटवर्क्स
4. **आप अपनी पर्सनल फाइल/फोल्डर रख सकते हैं-**
   (a) मार्क फाइल्स (b) माई फोल्डर
   (c) माई डॉक्यूमेन्ट्स (d) माई टेक्स्ट
5. **'डायरेक्टरी विदिन डायरेक्टरी' को कहा जाता है-**
   (a) पार्ट डायरेक्टरी (b) सब डायरेक्टरी
   (c) जूनियर डायरेक्टरी (d) मिनी डायरेक्टरी
6. **जब आप कम्प्यूटर को ऑन करते हैं, बूट रूटीन यह टेस्ट फॉर्म करती है-**
   (a) डिस्क ड्राइव टेस्ट (b) मेमोरी टेस्ट
   (c) RAM टेस्ट (d) पावर ऑन सेल्फ टेस्ट
7. **.......... एक अनोखा नाम है जो आप फाइल और इन्फॉर्मेशन को देते हैं-**
   (a) फाइल नेम (b) डिवायस लैटर
   (c) फोल्डर (d) फाइल नेम एक्सटेंशन
8. **हार्डवेयर में सम्मिलित हैं-**
   (a) सभी डिवायसेज जो कम्प्यूटर के इनपुट डाटा में प्रयोग की जाती है
   (b) प्रोसेसिंग इन्फॉर्मेशन में सम्मिलित सेन्ट्रल प्रोसेसिंग यूनिट, मेमोरी एवं स्टोरेज से संबंधित सभी डिवायसेज
   (c) इन्सट्रक्शन को सेट जिन्हें कार्यान्वित करने के लिए कम्प्यूटर चलता है
   (d) कम्प्यूटर एवं उससे जुड़ी सभी डिवायसेज जो इनपुट एवं आउट डाटा में प्रयोग किए जाते हैं
9. **सीक्रेट कोड जो कुछ कार्यक्रमों को एंट्री निषेध कर देती है-**
   (a) एंट्रीकोड (b) एक्सेस कोड
   (c) पासवर्ड (d) पासपोर्ट
10. **मल्टीपल प्रोसेसर्स द्वारा दो और अधिक प्रोग्रामों की प्रोसेसिंग होती है-**
    (a) टाइम शेयरिंग (b) मल्टीटास्किंग
    (c) मल्टीप्रोसेसिंग (d) मल्टीप्रोग्रामिंग
11. **CD से आप .... सकते हैं-**
    (a) पढ़ और लिख (b) लिख
    (c) पढ़ (d) या तो पढ़ या लिख
12. **टेक्स्ट की लाइव के आरम्भ में जाने के लिए .. .. की प्रेस कीजिए।**
    (a) एंटर (b) होम
    (c) A (d) पेज-अप
13. **पद 'यूजर इंटरफेस' का अर्थ है-**
    (a) साधन जिसके द्वारा यूजर कम्प्यूटर पर पेरिफरल डिवाइसेस के साथ इंटरऐक्ट करता है-
    (b) कम्प्यूटर के लिए उपलब्ध मॉनीटर
    (c) ऑपरेटिंग सिस्टम यूजर कमांड को कैसे रिस्पांड करता है
    (d) यूजर जो स्क्रीन पद देखता है और उनके साथ कैसे इंटरऐक्ट करता है

14. किसी भी वर्ड डॉक्यूमेंट का बैकग्राउंड ....

(a) उस रंग का होता है जो ऑप्शंस मेनु के अंतर्गत प्रिसेट करेंगे

(b) आपकी पसंद के किसी भी रंग का हो सकता है

(c) सारे डॉक्यूमेंट के लिए सदा एक जैसा ही होता है

(d) सदैव सफेद रंग का होता है

15. आउटपुट क्या होता है?

(a) प्रोसेसर जो यूजर को देता है

(b) यूजर से जो प्रोसेसर को मिलता है

(c) प्रोसेसर जो यूजर से लेता है

(d) यूजर जो प्रोसेसर को देता है

16. कम्प्यूटर प्रोग्राम लिखने और टेस्ट करने वाले व्यक्ति को .... कहते हैं-

(a) प्रोजेक्ट डेवलपर (b) सॉफ्टवेयर इंजीनियर

(c) प्रोग्रामर (d) कम्प्यूटर विज्ञानी

17. पद बिट .... का संक्षेप है-

(a) बाइनरी लैंग्वेज (b) बाइनरी डिजिट

(c) मेगाबाइट (d) बाइनरी नम्बर

18. एप्लीकेशन प्रोग्राम के फंक्शंस निम्नलिखित में से कौन से होते हैं?

(a) यह CPU के ऑपरेशन्स सुपरवाइज करता है

(b) यह कम्प्यूटर सिस्टम के लिए विभिन्न सपोर्ट सेवाएं उपलब्ध कराता है

(c) किसी विशेष प्रोसेसिंग कार्य के लिए आवश्यक इन्फॉर्मेशन-प्रोसेसिंग प्रोसिजर्स को ये स्प्रेसिफाय करता है

(d) यह कम्प्यूटर सिस्टम के इनपुट/आउटपुट और स्टोरेज फंक्शन्स को नियंत्रित करता है

19. पेज प्रिव्यू मोड में -

(a) आप अपने डॉक्यूमेंट के सभी पेजेज देख सकते हैं

(b) आप केवल अपने डॉक्यूमेंट का टाइटल पेज देख सकते हैं

(c) आप केवल उन्हीं पेजों को देख सकते हैं जिसमें ग्राफिक्स नहीं होते

(d) आप करंटली जिस पर काम करते हैं केवल वही पेज देख सकते हैं

20. एक ऑपरेटिंग सिस्टम मल्टीटास्किंग कर सकती है का अर्थ है-

(a) बहुत से लोग साथ-साथ कम्प्यूटर का उपयोग कर सकते हैं

(b) ऑपरेटिंग सिस्टम काम को कई CPUs के बीच डिवाइड कर सकता है

(c) बहुत से प्रोग्राम साथ-साथ ऑपरेट किए जा सकते हैं

(d) उपर्युक्त सभी

21. वर्ड में डॉक्यूमेंट में किसी शब्द या वाक्यांश को ढूंढने का सबसे तेज और आसान तरीका .... कमांड यूज करना है।

(a) सर्च (b) लुकअप

(c) फाइंड (d) रिप्लेस

22. सभी वर्ड डॉक्यूमेंट्स के लिए डिफाल्ट फाइल एक्सटेंशन क्या है?

(a) TXT (b) DOC

(c) WRD (d) FIL

23. कम्प्यूटर बंद होने पर .... के कंटेंट्स का अलोप हो जाता है-

(a) आउटपुट (b) इनपुट

(c) मेमोरी (d) स्टोरेज

24. फर्म के सभी ट्रांजैक्शंस के एक बार ग्रुपिंग और प्रोसेसिंग को .... कहते हैं-

(a) रीयल-टाइम सिस्टम

(b) ऑन-लाइन सिस्टम

(c) बैच प्रोसेसिंग

(d) डाटाबेस मैनेजमेंट सिस्टम

25. प्रिंटर इस प्रकार का डिवाइस होता है-

(a) प्रोसेसिंग (b) वर्ड प्रोसेसिंग

(c) आउटपुट (d) इनपुट

26. इंटरनेट एक्सप्लोरर को शुरू करने के लिए विण्डोज टास्कबार पर .... सभी प्रोग्राम की ओर प्वॉइंट करना और तत्पश्चात् इंटरनेट एक्सप्लोरर की और प्वॉइंट करना होता है-

(a) इंटरनेट एक्सप्लोरर बटन डबल क्लिक करना

(b) माई कम्प्यूटर राइट क्लिक करना

(c) स्टार्ट बटन क्लिक करना

(d) कम्प्यूटर को रिबूट करना

27. इंटले द्वारा विकसित सीपीयू (CPU) चिप, जो वायरलेस लैपटॉप्स के लिए है, को .... कहा जाता है।

(a) पेंटियम-एम (b) सेलेरॉन

(c) झेयॉन (Xeom) (d) इटेनियम

28. किसी एकल दुविधाजनक संस्थान से विभिन्न प्रकार की इंटरनेट सेवाएं .... वेब-साइट उपलब्ध कराती है।

(a) न्यूज (b) चेट

(c) प्रोटोकॉल (d) पोर्टल

29. निम्न में से किसकी सर्वाधिक क्षमता है?

(a) वीसीडी (b) सीडी-आर

(c) डीवीडी (d) फ्लॉपी डिस्क

30. शोध/सर्च में कुंजी पटल की फाइल ट्यूनिंग द्वारा .... शोध की सटीकता को बढ़ाते हैं।

(a) ऑपरेटर्स (b) कंपाउंड्स

(c) लिंक्स (d) इटेलिक्स

31. संग्रहीत (स्टोर्ड) डाटा/जानकारी को एक्सेस/प्रवेश करने के लिए शीघ्र गति वाला घटक .... है।

(a) हार्ड डिस्क (b) टेप

(c) प्रमुख मेमोरी (d) कैंचे

32. कौन-सी पद्धति अपनाकर मानक सीडी प्लेअर डाटा/जानकारी एक्सेस करता है?

(a) रेंडम एक्सेस (b) क्रमिक एक्सेस

(c) मल्टी वेरिएट एक्सेस (d) a, b व c तीनों

33. डाटा बेस प्रबंधन कार्यक्रम के प्रमुख प्रयोजन क्या हैं?

(a) पढ़ने हेतु कठिन डाटा को अधिक आसान पठनीय पपत्रों में अनुवादित करना

(b) संग्रहीत रिकॉर्डों को पुन:स्थापित तथा विश्लेषण करने की अनुमति प्रयोक्ताओं को देना

(c) विशिष्ट मदों की विषयक जानकारी स्टोर करने हेतु तरीकों को उपलब्ध कराना

(d) प्रयोक्ताओं में के लिए अंतर संबंधित जानकारी स्टोर/संग्रहित करना संभावनीय बनाना

34. 'यूजर इंटरफेस' शब्द का संदर्भ .... से है

(a) यूजर कमांड को ऑपरेटिंग प्रणाली कैसे रिस्पांड करती है

(b) प्रयोक्ता पटल पर क्या देखता है और वे उसके साथ कैसे इंटरएक्ट/परिचर्चा करते हैं

(c) वह साधन, जिससे प्रयोक्ता पेरिफेरियल उपकरणों के संग कम्प्यूटर पर इंटरएक्ट करता है

(d) उपर्युक्त सभी

35. निष्पादनीय के सृजन का मार्ग है-

(a) कोडिंग, पार्सिंग, लिंकिंग, कंपायलिंग

(b) कोडिंग लिंकिंग, कंपायलिंग, पार्सिंग

(c) कोडिंग, कंपायलिंग, लिंकिंग, पार्सिंग

(d) कोडिंग, पार्सिंग, कंपायलिंग, लिंकिंग

36. .... आईकॉन ऐसे ई-मेल संदेशों का प्रतिनिधित्व करता है जो पढ़ा नहीं गया है-

(a) फ्लैशिंग पत्र

(b) प्रश्नचिन्ह

(c) बंद लिफाफा

(d) प्रदर्शित/हाइलाइटेड लिफाफा

37. एक अच्छी वेबसाइट ....

(a) सम्बद्ध, विश्वसनीय और सत्यापनीय है

(b) हमेशा वही (बनकर) रह जाती है

(c) दिखने में आकर्षक होती है

(d) में प्रयोज्य सूचना की शर्तें शामिल हैं

38. ROM कम्प्यूटर को .... के लिए बताता है।

(a) हार्डवेयर को जोड़ने

(b) टर्न ऑन

(c) ऑपरेटिंग प्रणाली को आरमी करने

(d) कम्प्यूटर को डिस्कनेक्ट करने

39. प्राद्योगिकी एक महत्वपूर्ण कार्य कौशल क्यों है?

(a) नियोक्ता/मालिक माइक्रोसॉफ्ट ऑफिस का प्रयोग करने वाले लोगों की तलाश में हैं

(b) वह विद्यमान / वेग में है

(c) आज अधिकतर कार्यस्थलों में प्रौद्योगिकी महत्वपूर्ण भूमिका निभा रही है।

(d) प्रौद्योगिकी-कौशलों के अभाव में आप कार्य-शोध वेबसाइट का प्रयोग नहीं कर सकते

40. .... में पाठ तथा पाठ विषयक जानकारी भी शामिल रहती है

(a) ब्राउजर भाषा (b) मार्कअप भाषा
(c) प्रोटोकॉल भाषा (d) अनोटेटेड भाषा

41. निम्नलिखित में से कौन-से प्रोग्राम के सभी स्टेटमेंट्स को एक सिंगल बैच में कनवर्ट करता है और इंस्ट्रक्शन के रिजल्टिंग कलेक्शन को एक नई फाइल में रखा जाता है?

(a) इंस्ट्रक्शन (b) कम्पाइलर
(c) इंटरप्रिंटर (d) कनवर्टर

42. डिजिटल फोटो और स्कैन इमेजेज को .bmp, .pmg, .jpg, tip या .gif जैसे एक्सटेन्शंस के साफ .... ग्राफिक के रूप में टिपिकली स्टोर किया जाता है-

(a) बिटमैप (b) वेक्टर
(c) या तो वेक्टर या बिटमैप
(d) न तो वेक्टर और न ही बिटमैप

43. निम्नलिखित में से किसमें व्यक्ति, स्थान, घटना या चीज जैसे सिंगल 'एंटिटी' संबंधी जानकारी डाटाबेस में होती हैं?

(a) फॉर्म (b) क्वेरी
(c) टेबल (d) रिकॉर्ड

44. .... इंटरनेट का स्टैण्डर्ड प्रोटोकॉल है-

(a) HTML (b) फ्लैश
(c) TCP/IP (d) Java

45. साधारणतः DBMS से अधिक यूजर-फ्रेंडली इंटरफेस वाले प्रोग्राम को .... कहते हैं-

(a) फॉर्म (b) बैक एंड
(c) रिपोजिटरी (d) फ्रंट एंड

46. .... एक कम्प्यूटर है जो ऐसे इंटरनेट से जुड़ा हुआ होता है जो एक स्पेशल वेब सर्वर सॉफ्टवेयर चलाता है और इंटरनेट पर दूसरे कम्प्यूटरों को वेब पेजेस भेज सकता है।

(a) वेब पेज (b) वेब सर्वर
(c) वेब क्लाइंट (d) वेब सिस्टम

47. निम्नलिखित में से कौन-सा एक कम्यूनिकेशन्स प्रोटोकॉल है जो वेब-बेस्ड इन्फॉर्मेशन को एक्सेस करने वाले प्रत्येक कम्प्यूटर द्वारा प्रयुक्त स्टैण्डर्ड सेट करता है?

(a) HTML (b) XML
(c) DML (d) HTTP

48. यूजर द्वारा बहुत-सी फाइलें सेव और डिलीट किए जाने के बाद, दक्षतापूर्वक उपयोग में लाये न जा सकें ऐसे अत्यधिक छोटे, स्टोर्ड डाटा के स्कैटर्ड एरिया रह जाते हैं, जिनसे .... हो सकता है-

(a) फ्रैगमेंटेशन (b) टर्मोइल
(c) डिजऐरे (d) डिजऑर्डर

49. जब आप अपने कम्प्यूटर में कोई नया प्रोग्राम इन्स्टॉल करते हैं तो यह टिपिकली .... मेनु में ऐड हो जाता है।

(a) सिलेक्ट प्रोग्राम (b) डेस्कटॉप प्रोग्राम
(c) ऑल प्रोग्राम (d) स्टार्ट प्रोग्राम

50. .... कमाण्ड के कार्यान्वयन की प्रक्रिया है।

(a) एक्जीक्यूटिंग (b) डिकोडिंग
(c) स्टोरिंग (d) फेचिंग

सही और गलत

51. लॉजिक बम एक वायरस है जो तब एक्टिवेट होता है जब यह किसी सामान्य स्थिति में आता है।

(a) सत्य (b) असत्य

52. टाइम बम किसी निश्चित की गई तारीख को ही एक्टिवेट होता है।

(a) सत्य (b) असत्य

53. मैक्रो वायरस से कम्प्यूटर को बचाने के लिए सभी एप्लीकेशंस में मैक्रो सिक्योरिटी लेवल को सेट किया जा सकता है।

(a) सत्य (b) असत्य

54. वॉयस वेरिफिकेशन सिस्टम आवाज को कम्प्यूटर में स्टोर की हुई आवाज को कम्प्यूटर में स्टोर की हुई आवाज से मिलाता है।

(a) सत्य (b) असत्य

55. कम्प्यूटर की सुरक्षा में सेंध अथवा चूक कभी-2 अचानक रूप से होती है जबकि अन्य सुनियोजित होती हैं।
(a) सत्य (b) असत्य

56. कम्प्यूटर की दुनिया कोई भी संवैधानिक काम 'कम्प्यूटर क्राइम' की श्रेणी में आता है।
(a) सत्य (b) असत्य

57. ऑनलाइन या इंटरनेट आधारित असंवैधानिक कार्य को 'साइबर क्राइम' कहते हैं।
(a) सत्य (b) असत्य

58. नेटवर्क के विस्तार के साथ ही ई-मेल इंटरनेट के द्वारा कम्प्यूटर वायरस को नियंत्रित किया जा रहा है।
(a) सत्य (b) असत्य

59. 'ट्रस्टेड सोर्स' वह व्यक्ति या कम्पनी होती है जिसके बारे में आप निश्चित रहते हैं कि वह आपको वायरस से संक्रमित फाइल नहीं भेजेगा।
(a) सत्य (b) असत्य

60. किसी भी अनजान जगह अथवा स्त्रोत से आए ई-मेल के अटैचमेंट को बिना ओपन किए ही डिलीट (नष्ट) कर देना चाहिए।
(a) सत्य (b) असत्य

61. कुछ वायरस नुकसानदायक नहीं होते हैं। यह कम्प्यूटर जो अस्थाई रूप से जाम कर देते हैं और संदेश ध्वनि देते हैं।
(a) सत्य (b) असत्य

62. रोजाना तकरीबन छह नए वायरस के साथ लाखों-करोड़ों वायरस कम्प्यूटर की दुनिया में मौजूद हैं।
(a) सत्य (b) असत्य

63. वायरस हमेशा सोच समझकर ही प्रोग्राम किए जाते हैं।
(a) सत्य (b) असत्य

64. कई वेबसाइट ज्ञात वायरस की लिस्ट अपनी पास रखती हैं।
(a) सत्य (b) असत्य

65. अनजान फाइल को बंद (close) करते हैं या वायरस वाले प्रोग्राम को रन कराते हैं।
(a) सत्य (b) असत्य

66. न्यूजग्रुप एक ऑनलाइन क्षेत्र है जिसमें यूजर्स किसी विषय पर मिल कर चर्चा कर सकते है।
(a) सही (b) गलत

67. इण्टरनेट ग्रुप्स का पूरा संग्रह **'Usenet'** के नाम से नहीं जाना जाता है।
(a) सही (b) गलत

68. अधिकतर ब्राउजरों में एक न्यूजरीडर नाप का प्रोग्राम होता है। इसे 'आर्टिकल' कहा जाता है।
(a) सही (b) गलत

69. मैसेज कैपिटल लैटर्स में भेजनी चाहिए।
(a) सही (b) गलत

70. कुछ ई-मेल प्रोग्राम में स्पैलिंग चैक करने की सहूलियत होती है।
(a) सही (b) गलत

71. वायरस वर्ड डॉक्यूमेंट में छिपा रहता है।
(a) सही (b) गलत

72. इण्टरनेट विश्व भर में लाखों लोगों द्वारा ई-मेल भेजने के लिए प्रयुक्त किया जाता है।
(a) सही (b) गलत

73. मैसेज का मूल हिस्सा 'क्वोटिंग' नहीं कहलाता है।
(a) सही (b) गलत

74. सर्च इंजन वेबपेज व इण्टरनेट फाइलों को सर्च करता है।
(a) सही (b) गलत

75. ऑनलाइन खरीददारी आजकल आसान, सुरक्षित व बेहतर नहीं है।
(a) सही (b) गलत

76. न्यूजरीडर का प्रयोग करके रूचि के अनुसार न्यूज ग्रुप ढूँढा जा सकता है।
(a) सही (b) गलत

77. वह कम्प्यूटर जो मैसेज को स्टोर वार उसे विभिन्न ग्रुपों में बाँटता है, न्यूज सर्वर कहलाता है।
(a) सही (b) गलत

78. कई यूनिवर्सिटी, कॉरपोरेशन, आइएसपी, ऑनलाइन सर्विसेज व अन्य बड़े संगठन न्यूज सर्वर नहीं रखते हैं।

(a) सही (b) गलत

79. अपने मैसेज को ज्यादा व्यवस्थित ढंग से रखने के लिए पर्सनलाइज्ड फोल्डर का प्रयोग किया जा सकता है।

(a) सही (b) गलत

80. 'Snail Mail' पर सोचने के साथ उत्तर देने का समय प्राप्त होता है लेकिन ई-मेल पर तुरंत उत्तर दिया जा सकता है।

(a) सही (b) गलत

81. Dos सिस्टम उस डायरेक्टरी से प्रारम्भ नहीं होता है जिसे रूट कहते हैं।

(a) सही (b) गलत

82. हर डायरेक्टरी अपनी फाइलों का एक अलग सेट रखती है।

(a) सही (b) गलत

83. डायरेक्टरी की एंट्रीज को सब-डायरेक्टरियों में नहीं रखा जा सकता है।

(a) सही (b) गलत

84. वह प्रोग्राम जो ROM-BIOS में स्टोर है और ऑपरेटिंग सिस्टम को लोड करने के लिए प्रयोग किया जाता है तब यह चालू होना आरंभ हो जाता है।

(a) सही (b) गलत

85. Dos सिंगल यूजर ऑपरेटिंग सिस्टम नहीं है।

(a) सही (b) गलत

86. जब माइक्रोसॉफ्ट ने पहली बार Dos विकसित किया तो उसने Command Line इण्टरफेस का प्रयोग किया था।

(a) सही (b) गलत

87. अब Dos ज्यादा प्रयुक्त नहीं किया जाता क्योंकि यह Graphical User Interface (GUI) की सुविधा नहीं देता।

(a) सही (b) गलत

88. एक ऑपरेटिंग सिस्टम यूजर व कम्प्यूटर सिस्टम के बीच एक इण्टरफेस नहीं है।

(a) सही (b) गलत

89. Tree कमाण्ड जब प्रयुक्त किया जाता है जब चालू डायरेक्टरी के नीचे के ट्री स्ट्रक्चर समेत दूरी डायरेक्टरी प्रदर्शित करनी है।

(a) सही (b) गलत

90. Time कमाण्ड से PC की आंतरिक घड़ी द्वारा चालू समय स्क्रीन पर नहीं आता है।

(a) सही (b) गलत

91. विंडो 7 विस्टा से ज्यादा सफल नहीं है।

(a) सही (b) गलत

92. विंडो 7 को बिजनेस व पर्सनल यूजर्स दोनों की जरूरतों को ध्यान में रखकर विशेष रूप से डिजाइन किया गया है।

(a) सही (b) गलत

93. डेस्कटॉप पर मौजूद आइकॉन किसी प्रोग्राम या विंडो 7 के फीचर को रिप्रजेंट नहीं करता है।

(a) सही (b) गलत

94. डेस्कटॉप विंडो 7 का वर्किंग एरिया है।

(a) सही (b) गलत

95. विंडो 7 के सात विभिन्न संस्करण नहीं हैं।

(a) सही (b) गलत

96. वर्ड में अपनी पसंद के अनुसार टैंपलेट तैयार नहीं किए जा सकते।

(a) सही (b) गलत

97. माइक्रोसॉफ्ट वर्ड के द्वारा डॉक्यूमेंट में आसानी से बॉर्डर, शेड्स, टेबल, ग्राफिक्स, पिक्चर व वेब एड्रेस शामिल नहीं किए जा सकते।

(a) सही (b) गलत

98. स्क्रॉल बार आपको डॉक्यूमेंट ब्राउस करने की सुविधा देता है।

(a) सही (b) गलत

99. वर्ड 2010 में फाइल टैब मुख्य टैब नहीं होता है।

(a) सही (b) गलत

100. वर्ड के डॉक्यूमेंट को पीडीएफ व एक्सपीएस फॉर्मेट में भी सेव किया जा सकता है।

(a) सही (b) गलत

उत्तरमाला

1. (d)	**2.** (b)	**3.** (a)	**4.** (c)	**5.** (b)	**6.** (a)	**7.** (d)	**8.** (b)	**9.** (c)	**10.** (c)
11. (a)	**12.** (b)	**13.** (d)	**14.** (b)	**15.** (a)	**16.** (c)	**17.** (b)	**18.** (c)	**19.** (a)	**20.** (c)
21. (c)	**22.** (b)	**23.** (c)	**24.** (a)	**25.** (c)	**26.** (a)	**27.** (c)	**28.** (b)	**29.** (c)	**30.** (a)
31. (c)	**32.** (b)	**33.** (d)	**34.** (b)	**35.** (d)	**36.** (c)	**37.** (a)	**38.** (c)	**39.** (c)	**40.** (b)
41. (b)	**42.** (a)	**43.** (d)	**44.** (c)	**45.** (a)	**46.** (b)	**47.** (d)	**48.** (a)	**49.** (c)	**50.** (a)
51. (b)	**52.** (a)	**53.** (b)	**54.** (a)	**55.** (a)	**56.** (a)	**57.** (a)	**58.** (b)	**59.** (a)	**60.** (b)
61. (a)	**62.** (a)	**63.** (a)	**64.** (a)	**65.** (b)	**66.** (a)	**67.** (b)	**68.** (a)	**69.** (b)	**70.** (a)
71. (a)	**72.** (a)	**73.** (b)	**74.** (a)	**75.** (b)	**76.** (a)	**77.** (a)	**78.** (b)	**79.** (a)	**80.** (a)
81. (b)	**82.** (a)	**83.** (b)	**84.** (a)	**85.** (b)	**86.** (a)	**87.** (a)	**88.** (b)	**89.** (a)	**90.** (b)
91. (b)	**92.** (a)	**93.** (b)	**94.** (a)	**95.** (b)	**96.** (b)	**97.** (b)	**98.** (a)	**99.** (b)	**100.** (b)

प्रैक्टिस टेस्ट पेपर-XV

1. नये वेब पेज पर नेवीगेशन हेतु ब्राउजर के ------ में URL टाइप करके एण्टर प्रेस करें-
   (a) डोमेन बार (b) एड्रेस बार
   (c) एड्रेस बटन (d) नेम बटन
2. सबसे धीमी इंटरनेट कनेक्शन सेवा-
   (a) डिजिटल सब्सक्राइब लाइन (b) लीज्ड लाइन
   (c) डायलअप सर्विस (d) केबल मोडम
3. अधिकतर वर्ल्ड वाइड वेब पेजों के कमांड ----------- भाषा में होते हैं-
   (a) IRS (b) HTML
   (c) URL (d) FTP
4. यदि नेटवर्क अतिरिक्त प्रयोक्ताओं को आसानी से जोड़ ले तो इसका आशय है कि नेटवर्क -------- है-
   (a) डेडिकेटेड (b) सिक्योर
   (c) डिसेंट्रलाइज़्ड (d) स्केलेबल
5. --------- से वे सारी वेब साइटें तथा पेज दिख जाते हैं, जो एक ही समयावधि में देखे गये हों-
   (a) टूल बार (b) टास्क बार
   (c) हिस्ट्री लिस्ट (d) स्टेट्स बार
6. डिजिटल बैंकिंग --------- के माध्यम से की जाती है-
   (a) इंटरनेट (b) मोबाइल
   (c) टेलीफोन (d) ये सभी
7. इंटरनेट पर सर्वर से कम्प्यूटर द्वारा सूचना पाने के प्रोसेस को कहते हैं-
   (a) डाउनलोडिंग (b) ट्रांसफरिंग
   (c) पुशिंग (d) पुलिंग
8. आई.टी. का पूर्ण रूप-
   (a) इंटीग्रेटेड टेक्नोलॉजी
   (b) इन्फॉर्मेशन टेक्नोलॉजी
   (c) इंटेलीजेंट टेक्नोलॉजी
   (d) इंटरनेट टेक्नोलॉजी
9. किसके प्रसार से पूरा विश्व एक छोटे से दायरे में सिमट आया है-
   (a) आई.टी. (b) ग्लोबलाइजेशन
   (c) औद्योगीकरण (d) उदारीकरण
10. LAN से जुड़े कम्प्यूटर-
    (a) ऑनलाइन काम कर सकते हैं
    (b) ई-मेल कर सकते हैं
    (c) तेज चलते हैं
    (d) इनमें से सभी
11. इनमें से एक छोटा सिंगल साइट नेटवर्क है-
    (a) LAN (b) WAN
    (c) USB (d) DSL
12. नेटवर्क में सर्वाधिक शक्तिशाली तथा महत्वपूर्ण कम्प्यूटर है-
    (a) डेस्कटॉप (b) नेटवर्क सर्वर
    (c) नेटवर्क क्लाएंट (d) नेटवर्क स्टेष्ठान
13. आउटलुक एक्सप्रेस है-
    (a) शेड्यूलर (b) ई-मेल क्लाएंट
    (c) एड्रेस बुक (d) ये सभी
14. वेब पेज पर एक शब्द या पिक्चर जिसे क्लिक करने पर दूसरा डाक्यूमेंट खुलता है, -------- कहलाता है-
    (a) एंकर (b) हाइपरलिंक
    (c) रेफरेन्स (d) यू.आर.एल.
15. कम्प्यूटर तथा इंटरनेट द्वारा संचालित आधुनिक व्यवसाय-
    (a) ई-मेल (b) ई-मीडिया
    (c) ई-बिजनेस (d) ये सभी
16. सॉफ्टवेयर कोड में त्रुटि का पता लगाने की प्रक्रिया-
    (a) टेस्टिंग (b) कंपाइलिंग
    (c) डीबगिंग (d) इंटरप्रेटिंग

17. पूरे विश्व में बहुत से कम्प्यूटरों को जोड़ने वाला नेटवर्क-

(a) आर्पनेट (b) इंट्रानेट
(c) नेटवर्क (d) इंटरनेट

18. सार्थक रूप में व्यवस्थित डाटा --- कहलाता है-

(a) इंफार्मेशन (b) सॉफ्टवेयर
(c) स्टोरेज (d) प्रोसेस

19. बैक अप का तात्पर्य है-

(a) नये डाटा में से पुराने डाटा का फिल्टर करना
(b) टेप पर डाटा एक्सेस करना
(c) नेटवर्क से और अधिक कंपोनेंट जोड़ना
(d) मूल स्रोत से अलग स्थान पर डाटा की कॉपी को सुरक्षित रखना

20. साधारण से अधिक यूजर फ्रेंडली इंटरफेस वाला प्रोग्राम ------- कहलाता है-

(a) फॉर्म (b) रिपोजिटरी
(c) बैक एंड (d) फ्रंट एंड

21. वह कम्युनिकेशन प्रोटोकॉल जो वेब बेस्ड इनफॉर्मेशन को एक्सेस करने वाले प्रत्येक कम्प्यूटर द्वारा प्रयुक्त स्टैण्डर्ड सेट करता है-

(a) HTML (b) HTTP
(c) DML (d) XML

22. व्यक्ति, स्थान, घटना या वस्तु जैसे सिंगल एंटिटी संबंधी जानकरी होती है-

(a) क्वेरी में (b) फॉर्म में
(c) रिकॉर्ड में (d) टेबल में

23. खरीददारों के लिए कम्प्यूटर द्वारा ---------- के माध्यम से खरीदारी करना संभव है-

(a) ई-वर्ल्ड (b) ई-बिजनेस
(c) ई-कॉमर्स (d) ई-स्पेस

24. http का विस्तार है-

(a) हायर ट्रांसफर प्रोटोकॉल
(b) हाइपर टेक्स्ट ट्रांसफर प्रोटोकॉल
(c) हाइब्रिड टेक्स्ट ट्रांसफर प्रोटोकॉल
(d) हाइपर ट्रांसफर ट्रांजीशन प्रोटोकॉल

25. डाटा को लॉजिकल क्रम में व्यवस्थित करने को कहते हैं-

(a) रिप्रोड्यूसिंग (b) सर्चिंग
(c) सॉर्टिंग (d) क्लासिफाइंग

26. नॉन-न्युमेरिक डाटा का उदाहरण है-

(a) बैंक बैलेंस (b) कर्मचारी का पता
(c) वास्तविक संख्याएँ (d) परीक्षा में प्राप्तांक

27. वेब पेज के रूप में डाक्यूमेंट सेव करने के लिए करना होगा-

(a) HTML के रूप में सेव करना
(b) डॉक्यूमेंट को टेक्स्ट फॉर्मेट में सेव करना
(c) यू आर एल के रूप में सेव करना
(d) ग्राफिक्स और लिंक डाक्यूमेंट के ऊपर रखना

28. इनफॉर्मेशन क्रिएट करने हेतु डाटा मैनुपुलेट करना .... कहलाता है-

(a) फीडबैक (b) प्रोसेसिंग
(c) प्रोग्रामिंग (d) एनालिसिस

29. ई-मेल अटैचमेन्ट होता है-

(a) प्राप्तकर्ता द्वारा भेजी गई पावती
(b) प्राप्तकर्ताओं की सूची
(c) ई-मेल संदेश के साथ दूसरे प्रोग्राम से भेजा दस्तावेज
(d) वायरस

30. डाटाबेस में सीधे डाटा की के अलावा -------- डाटा एंट्री की जा सकती है-

(a) टेबल (b) फील्ड
(c) डाटा डिक्शनरी (d) टेबल

31. .... किसी सिंगल एंटिटी से जुड़े डाटा का व्यवस्थित कलेक्शन है-

(a) डाटाबेस (b) डिक्शनरी
(c) लाइब्रेरी (d) फाइलें

32. किसी प्रोग्राम में त्रुटियों को सही करना कहलाता है-

(a) इण्टरप्रेटिंग (b) ट्रांसलेटिंग
(c) कम्पाइलिंग (d) डिबगिंग

33. ई-मेल भेजना -------- के समान है।

(a) पत्र लिखना (b) विचित्र बनाना
(c) फोन पर बात करना (d) उत्पाद भेजना

34. इंटरनेट पर खरीदने में सबसे अधिक असुविधाजनक कौन-सा उत्पाद होगा?

(a) पुस्तकें (b) फर्नीचर
(c) मूवी (d) ये सभी

35. कौन सा सेगमेंट एक-दूसरे के साथ डील करने वाले उपभोक्ताओं पर केन्द्रित है?

(a) B2B (b) B2C
(c) C2B (d) C2C

36. ई वे, अमेंजन डॉट कॉम तथा लैण्ड्स एण्ड कॉम किस सेगमेन्ट से जुड़े हैं-

(a) B2B (b) B2C
(c) C2B (d) C2C

37. इनमें में कौन ई-कॉमर्स के प्रमुख सेगमेन्टों में से हैं?

(a) B2B (b) B2C
(c) C2B (d) उपर्युक्त सभी।

38. इनमें में कौन ई-कॉमर्स को वर्णित करता है?

(a) एक-दूसरे से उत्पाद खरीदना
(b) एक-दूसरे से सेवाएं खरीदना
(c) एक-दूसरे को सेवाएं बेचना
(d) ये सभी

39. वेब एक्सेस करने के लिए आप कौन-सा टेलीकम्युनिकेशन हार्डवेयर का उपयोग करेंगे-

(a) ब्राउजर (b) मोडेम
(c) एफ टी.पी. प्रोटोकॉल (d) आई आर सी

40. MCI तथा AT & T उदाहरण हैं-

(a) सोशल नेटवर्क
(b) कम्युनिकेशन सिस्टम
(c) आई एस पी
(d) मोबीसोड्स

41. इंटरनेट पर जब बड़े कनेक्शनों के एक सेट से डाटा दूसरे कनेक्शन को जाता है तो इन कनेक्शनों को इंटरनेट ------- कहते हैं-

(a) पाथ वे (b) बैक बोन
(c) कम्युनिकेशन सिस्टम (d) रूटर

42. यदि आप एक ब्राडकॉस्ट क्रिएट करना चाहते हैं जिसे इंटरनेट से डाउनलोड किया जा सके तो आप क्या क्रिएट करेंगे?

(a) आई ब्रॉडकास्ट (b) ई शो
(c) पॉड कास्ट (d) आई कॉस्ट

43. इनमें से फ्री आई पी पी है-

(a) कम्प्यू सर्व (b) ए ओ एल
(c) नेट जीरो (d) एम.एस.एन.

44. सॉफ्टवेयर जैसे एक्सप्लोरर तथा फायर फॉक्स कहलाते हैं-

(a) सिस्टम सॉफ्टवेयर (b) यूटिलिटी सॉफ्टवेयर
(c) ब्राउजर्स (d) इंटरनेट टूल

45. इनमें में से कौन सा पद अमेजन डॉट कॉम के समस्त वेब पेजों के लिए लागू होगा-

(a) वेब साइट (b) वेब साइट एड्रेस
(c) यू आर एल (d) डोमेन नेम

46. ई-मेल भेजते समय .... लाइन मैसेज की विषय वस्तु का विवरण देती है-

(a) टु (b) सब्जेक्ट
(c) कान्टेक्ट (d) सीसी

47. एक फाइल के लिए FTP आर्काइव सर्च करने के लिए आपको .... टूल का प्रयोग करना चाहिए-

(a) गोफर (b) जगहेड
(c) आर्की (d) जैलोपी

48. न्यूज सर्वर पाठकों को डाक्यूमेंट डिस्ट्रीब्यूट करने हेतु इस्तेमाल करते हैं-

(a) NNTP (b) NEWS
(c) HTTP (d) HTP

49. इसे अक्सर इंटरनेट का CB कहा जाता है-

(a) IRCB (b) FTP
(c) E-mail (d) HTTP

50. एक ही बार में लोगों के एक बड़े समूह को ई-मेल भेजने में प्रयुक्त होता है-

(a) लिस्ट सर्व (b) ग्रुप

(c) एलिआस (d) मेल सर्वर

सही और गलत

51. बेब पेज में Text, तस्वीर, ग्राफिक्स, साउंड या वीडियो के अलावा अन्य डाक्युमेंट्स के ब्रिल्ट-इन कनैक्शंस नहीं होते हैं।

(a) सत्य (b) असत्य

52. भारत में कई इंटरनेट सर्विस प्रोवाइडर (आई. एस.पी) हैं। इनमें से मुख्य है-

(a) सत्य **(b) असत्य**

53. जिस गति से आप सूचना टेलीफोन लाइनों के द्वारा भेजेंगे या प्राप्त करेंगे मोडेम द्वारा निर्धारित नहीं होती है।

(a) सत्य (b) असत्य

54. डोमेन नेम सिस्टम (DNS) वह सिस्टम है जो इंटरनेट पर डोमेन नेम और उनसे सम्बन्धित आई पी एड्रेस स्टोर रखता है।

(a) सत्य (b) असत्य

55. IP एड्रेस इंटरनेट प्रोटोकॉल स्टैन्डर्ड की मदद से नेटवर्क में एक कम्प्यूटर द्वारा दूसरे कम्प्यूटर को पहचानने और उससे कम्युनिकेट करने के लिए इस्तेमाल होने इस्तेमाल होने वाला यूनीक एड्रेस नहीं है।

(a) सत्य (b) असत्य

56. IP के साथ ट्रांसफर होने वाला डाटा पैकेट में बंटा होता है। यह एक अन्य प्रोटोकॉल द्वारा हैंडल किया जाता है जिसे (ट्रांसमिशन कंट्रोल प्रोटोकॉल) कहा जाता है।

(a) सत्य (b) असत्य

57. इंटरनेट की अंदरूनी संरचना में ट्रांसपोर्टेशन सिस्टम नहीं होता है।

(a) सत्य (b) असत्य

58. 1995 तक NSF इंटरनेट पर बड़ी मात्रा से कम्युनिकेशन एक्टिविटी अथवा ट्रैफिक को संभालता रहा।

(a) सत्य (b) असत्य

59. 1984 से ARPANET नेटवर्क के द्वरा 1000 से कम निजी कम्प्युटर जुड़ चुके थे।

(a) सत्य (b) असत्य

60. ARPA अर्थात् एडवांस रिसर्च प्रोजेक्ट एंजेसी नाम का नेटवर्किंग प्रोजेक्ट लांच किया गया जो ऐसे नेटवर्क की तरह काम करता था जिसमें युद्ध के परिदृश्य के बारे में सैनिक और वैज्ञानिक एक-दूसरे को गोपनीय सूचनाएं ना भेज सकें।

(a) सत्य (b) असत्य

61. वर्तमान में 500 मिलियन लोग दुनिया के विभिन्न हिस्सों में इंटरनेट का इस्तेमाल करते हैं।–

(a) सत्य (b) असत्य

62. बैंकिंग, शोपिंग, इनवेस्ट, टैक्स भुगतान, शैक्षणिक कोर्स, गेम खेलना, म्यूजिक सुनना अथवा मूवी देखना जैस कार्य इंटरनेट के माध्यम से घर बैठे ही निपटाए जा सकते हैं–

(a) सत्य (b) असत्य

63. मदरबोर्ड को मेनबोर्ड या सिस्टम बोर्ड भी कह सकते हैं।

(a) सत्य (b) असत्य

64. आईबीएम (IBM) कम्पनी ने IBM 650; 702, 704, 705, 709 मॉडल बनाए।

(a) सत्य (b) असत्य

65. कई अमेरिकन और यूरोपियन कम्पनियों ने सेकेंड जेनरेशन के कम्प्यूटरों का आविष्कार किया। ये कम्प्युटर साइज में छोटे नहीं थे। इनमें से एक IBM–1401 सबसे अधिक लोकप्रिय थी।

(a) सत्य (b) असत्य

66. नोटबुक कम्प्यूटर को लैपटॉप भी कहा जाता है। नोटबुक छोटे आकार और कम वजन वाला कम्प्यूटर है जिसे आसानी से एक स्थान से दूसरे स्थान तक ले जाया जा सकता है।

(a) सत्य (b) असत्य

67. ऑपरेटिंग सिस्टम, लैंग्वेज प्रोसेसर, एप्लीकेशन प्रोग्राम, सबस्टीन सिस्टम हार्डवेयर के प्रकार हैं।
(a) सत्य (b) असत्य

68. फ्लैश डिवाइस और थम्ब डिवाइस कम्प्यूटर स्टोरेज का नवीनतम रूप है। इन डिवाइसों को कम्प्यूटर के यूएसबी पोर्ट से जोड़ा जा सकता है।
(a) सत्य (b) असत्य

69. जॉयस्टिक का प्रयोग अधिकांशतः खेलों में तथा क्रेन जैसी मशीनों के नियन्त्रण में किया जाता है।
(a) सत्य (b) असत्य

70. माईक्रोकम्प्युटर, पर्सनल कम्प्युटर, मिनी कम्प्युटर, मेनफ्रेम कम्प्युटर, सुपर कम्प्युटर, अलग-अलग आकार के कम्प्युटर हैं।
(a) सत्य (b) असत्य

71. प्रैक्टिकल कम्प्यूटर सिस्टम तीन मुख्य वर्गों में विभाजित होते हैं- सिस्टम सॉफ्टवेयर, एप्लीकेशन सॉफ्टवेयर, प्रोग्रामिंग सॉफ्टवेयर।
(a) सत्य (b) असत्य

72. करनेल मैमोरी का रेजीडेन्ट नहीं है।
(a) सत्य (b) असत्य

73. जब विजार्ड किसी शब्द को पहचानता नहीं तो वह टेक्स्ट को हाइलाईट भी नहीं करता।
(a) सत्य (b) असत्य

74. speech recognition के Setup के लिए कम्प्यूटर के साथ माइक्रोफोन तथा स्पीकर जुड़े हो।
(a) सत्य (b) असत्य

75. आप अपनी आवाज से office programmes में कोई टेक्स्ट डाल सकते हैं
(a) सत्य (b) असत्य

76. स्मार्ट-टैग के प्रयोग से डाक्यूमेंट में इमेज जोड़ते हैं।
(a) सत्य (b) असत्य

77. पैराग्राफ के इंडेंट करने में सभी लाइनों को इंडेंट करने का संकेत करता है।
(a) सत्य (b) असत्य

78. टाइपिंग में वाक्य-विन्यास की गतिविधियों को वर्ड द्वारा सुधारा जा सकता है।
(a) सत्य (b) असत्य

79. अपने डाक्यूमेंट में टेक्स्ट का साइज छोटा या बड़ा कर सकते हैं।
(a) सत्य (b) असत्य

80. अपने डाक्यूमेंट में ऐसे सिम्बल (प्रतीक) भी डाल सकते हैं जो की-बोर्ड पर नहीं होता है।
(a) सत्य (b) असत्य

81. वर्ड डाक्यूमेंट चार प्रकार के व्यू प्रदर्शित करता है।
(a) सत्य (b) असत्य

82. ऑटो टेक्स्ट द्वारा डाक्यूमेंट में टाइप शब्दों की गणना करते हैं।
(a) सत्य (b) असत्य

83. वर्ड स्वयं तिथि एवं समय को अपडेट कर देता है।
(a) सत्य (b) असत्य

84. जब हम टेक्स्ट को मूव करते हैं तो टेक्स्ट अपने मूल स्थान से हट जाता है।
(a) सत्य (b) असत्य

85. वर्ड में, किसी शब्द की व्याकरण अशुद्धियां होने पर नीचे लाल रेखा प्रदर्शित होती हैं।
(a) सत्य (b) असत्य

86. वर्ड डाक्यूमेंट को सेव करने पर स्क्रीन पर नाम प्रदर्शित नहीं करता।
(a) सत्य (b) असत्य

87. स्क्रीन पर चमकती हुई लाइन इसरसन पाइंट है।
(a) सत्य (b) असत्य

88. शब्द को सेलेक्ट करने के लिए शब्द पर सिंगल क्लिक करना चाहिए।
(a) सत्य (b) असत्य

89. टूलबार वर्ड मेन्यू के नाम प्रदर्शित करता है।
(a) सत्य (b) असत्य

90. स्क्रोलबार द्वारा डाक्यूमेंट में कहीं भी जा सकते हैं।
(a) सत्य (b) असत्य

91. वर्ड शुरु करने से पूर्व विन्डोज का चलते रहना आवश्यक नहीं है।
(a) सत्य (b) असत्य

92. टाइपिंग में वाक्य-विन्यास की गतिविधियों को वर्ड द्वारा सुधारा जा सकता है।
(a) सत्य (b) असत्य

93. एक्सल में चार्ट के द्वारा उत्पाद मूल्यांकन/तुलना को स्पष्ट रूप से दिखाया जा सकता है।
(a) सत्य (b) असत्य

94. एक्सल में इमेज ऑडियो-वीडियो क्लिप जोड़े जा सकते हैं।
(a) सत्य (b) असत्य

95. शीट टैब को छोटा-बड़ा करके देखने के लिए टैब स्पिलिट बॉक्स को ड्रैग (आगे-पीछे) नहीं कर सकते।
(a) सत्य (b) असत्य

96. स्क्रीन के बॉटम में शीट टैब के दायीं ओर 'टैब स्पिलिट बॉक्स होता है।
(a) सत्य (b) असत्य

97. एक्सल किसी भी डाटा को 'रो' अर्थात् पंक्ति और 'कॉलम' में व्यवस्थित करता है।
(a) सत्य (b) असत्य

98. माइक्रोसॉफ्ट एक्सल 2010 एक 'स्प्रेडशीट प्रोग्राम' नहीं है।
(a) सत्य (b) असत्य

99. एक्सल का उपयोग पेयरोल, खातों, अंकगणितीय तथा व्यावसायिक उद्देश्यों के लिए नहीं होता है।
(a) सत्य (b) असत्य

100. माइक्रोसॉफ्ट एक्सल में सम, सब्ट्रैक्शन, डिवीजन तथा अन्य कई अंकगणितीय तथा लॉजिकल ऑपरेशन उपलब्ध हैं।
(a) सत्य (b) असत्य

उत्तरमाला

1. (b)	**2.** (d)	**3.** (b)	**4.** (d)	**5.** (c)	**6.** (d)	**7.** (a)	**8.** (b)	**9.** (a)	**10.** (d)
11. (a)	**12.** (b)	**13.** (a)	**14.** (b)	**15.** (d)	**16.** (a)	**17.** (d)	**18.** (a)	**19.** (d)	**20.** (d)
21. (b)	**22.** (d)	**23.** (c)	**24.** (b)	**25.** (c)	**26.** (b)	**27.** (a)	**28.** (b)	**29.** (c)	**30.** (b)
31. (a)	**32.** (d)	**33.** (a)	**34.** (b)	**35.** (d)	**36.** (b)	**37.** (d)	**38.** (d)	**39.** (b)	**40.** (c)
41. (b)	**42.** (c)	**43.** (c)	**44.** (c)	**45.** (b)	**46.** (b)	**47.** (b)	**48.** (a)	**49.** (a)	**50.** (a)
51. (b)	**52.** (a)	**53.** (b)	**54.** (a)	**55.** (b)	**56.** (a)	**57.** (b)	**58.** (a)	**59.** (a)	**60.** (b)
61. (a)	**62.** (a)	**63.** (a)	**64.** (a)	**65.** (b)	**66.** (a)	**67.** (b)	**68.** (a)	**69.** (a)	**70.** (a)
71. (a)	**72.** (b)	**73.** (a)	**74.** (a)	**75.** (a)	**76.** (b)	**77.** (b)	**78.** (a)	**79.** (a)	**80.** (a)
81. (a)	**82.** (b)	**83.** (a)	**84.** (a)	**85.** (b)	**86.** (b)	**87.** (a)	**88.** (b)	**89.** (b)	**90.** (a)
91. (b)	**92.** (a)	**93.** (a)	**94.** (a)	**95.** (b)	**96.** (a)	**97.** (a)	**98.** (b)	**99.** (b)	**100.** (a)